リテラシーを育てる英語教育の創造

卯城祐司・アレン玉井光江・バトラー後藤裕子 著

講座 現代学校教育の高度化　小島弘道 監修　30

学文社

執筆者		
卯城　祐司	筑波大学	第3章
アレン玉井光江	青山学院大学	第2章
バトラー後藤裕子	ペンシルバニア大学	第1章

監修にあたって

　現代の学校は，社会のドラスティックな変化を前に，その社会に生きる上で直面する様々な課題に向き合い，解決して自分なりの生き方を選択，設計，実現するための「生きる力」の育成ほか，知識基盤社会など社会の新たなかたちに対応しうる人材を育成することが期待されている。その担い手としての教師をどう育成し，かつその質をどう高めるかは喫緊の課題であることは異論のないところだろう。これまで教員養成に対しては主として学部レベルの知や技の在り方を探り，さらに現職研修の充実によって対応してきた。しかし近年，教職大学院の設置や既存の教育系大学院の改革により教員を養成することに強い関心を寄せてきている教育政策からは，今後の教員養成は大学院レベルで行うことが望ましいとする方向が見え隠れする。しかし，それは教師の一部に限ってそうしようとするものであるばかりか，その大学院でいかなる知と技によって優れた教師を育成するかについては，その制度設計も含め，改善，改革すべき課題が山積し，その多くは今後に残されたままである。

　またそこでめざす職業人としてのかたちが「高度専門職業人」であるとされながらも，そこでの教師像，力量，そのために必要な育成や養成のシステムなどについて明確にされているというにはほど遠いというのが現実である。

　高度専門職業人としての教師であるためには，次の二つの知が不可欠だと考えられる。

- ●専門性の高度化を持続させる知
- ●専門性を成熟させる知
- ●専門性を学校づくりに生かす知

　高度専門職業人であることは，高度な専門性を追究し，その分野のスペシャリストとして自らの教職キャリアを選択する方向，また求められるならばこれまで培ってきた専門性を基盤としてそれを学校づくりに生かすという教職キャ

リアを選択する方向があるだろう。そのいずれの方向であれ，「高度」というものがつきまとい，その実体を身に付けた教師であることが求められている。専門性は今や膨らみを持たせて語ることが重要である。授業実践にとどまらず，学校づくりにつながる授業実践の視野が求められる。その意味でも「専門性を学校づくりに生かす知」という視点は不可欠だと思う。その際，期待する教師像は「考える教師」，つまり「省察，創造，実践する教師」に求めたい。

　高度専門職業人としての教職に必要な知のレベルは「大学院知」としてとらえたい。この内実を明確にし，その知を実践に即して振り返り，その知を進化，発展させ，さらに新たな知を創造すること，それを教育実践と学校づくりとの関連で相互に生かす知として編集することができる力量の育成を通して，教職を名実共に成熟した専門職にまで高め，その専門性を不断に進化，成熟させるにふさわしい力量を備えた教師を育成する知を解明することが大切である。高度専門職業人であるための知は，大学院修了の資格を有しているか，いないかにかかわらず，その水準を「大学院知」に設定したい。そうした知の育成，展開をめざした研修でもありたい。さらに言えば本講座を通して「大学院知」のスタンダード，スタンダードモデルを創造し，発信するメッセージとなれば幸いである。

　本講座を構成する知は，①**知識基盤テーマ群**，②**学校づくりテーマ群**，③**教育実践テーマ群**，④**教育内容テーマ群**，の4群から構成した。各巻における編集・執筆の観点は，テーマをめぐる，①問題・課題の状況，②これまでの，そして現在の，さらにこれから必要とされる考え方や知見，③学校づくりや学校変革への示唆，である。

監修　小島　弘道

まえがき

　本書名の『リテラシーを育てる英語教育の創造』にもある「リテラシー」の定義は多様である。「生きるための知識と技能」として脚光を浴びている「PISA型読解力」においても，2000年，2009年のテーマであった「読解力」のみならず，2003年，2012年は「数学的リテラシー」，2006年は「科学的リテラシー」と，さまざまなテーマに「リテラシー」という言葉が用いられている。

　第1章の「グローバル社会における英語のリテラシー―日本の英語教育でめざしたいもの―」では，リテラシーについてのさまざまな捉え方があるなかで，広くグローバル社会における英語のリテラシーを考察している。このグローバル化については，英語人口の広がりにもふれながら，特にアジア諸国における英語使用の増加，そして，そのなかで日本の英語教育がどのようなリテラシーをどう育てるべきなのか論じている。現在小学校で行われている外国語活動同様，他教科との連携，そして母語である国語教育の大切さも論議の根底においている。また，テクノロジーの発達とともに，単に紙の上だけでなく，さらには文字を越えたリテラシーの習得にとどまらず，多角的なテクノロジーを媒介としたリテラシーの養成についてもさまざまな主張を紹介している。また，さまざまな英語が存在するなかで，私たち日本人にとっての英語のモデルがどこにあるのかという論議も興味深い。そのうえで，日本の英語教育でめざすリテラシーについて，一定の方向性を示している。母語と第二言語の読みのプロセスにおける転移で論じられているように，英語のリテラシー習得は単に英語教育だけの問題ではない。また，英語を目的とした学習から，特定の教科の内容を英語で学ぶなどのコンテント・ベースの指導可能性も小中高何れの教室においても示唆が多い。

　続く第2章の「初期学習者を対象としたリテラシー教育―音声教育から文字教育へ―」では，特に早期英語におけるリテラシーに焦点が当てられている。

ここでは，フォニックス指導とホールランゲージ指導を紹介し，どちらがよりよい教授法かという論議よりも，この二つの教授法の良さを合わせることが大事であることを説いている。また，日本の小学校における文字指導の現実を紹介し，アルファベットの知識を伸ばし，音節や音素に対する気づき，そして目標言語である英語の音に対して理解していく音韻認識能力や音素認識能力の育て方について具体的に述べている。特に，音韻認識能力とリーディング能力の関係についての議論は，リテラシー指導の根幹を成す。さらに，フォニックス指導，サイトワード指導と紹介が具体的であり，小学校外国語活動のみならず中学校の先生方にも役立つものであろう。そして，これらボトムアップ的指導とともに，日本の教室に向けたトップダウン的指導の提案がなされている。歌やチャンツ，ストーリーテリング，そしてさまざまな関連活動など，読んでいるだけでも思わず教室にいるかのような楽しさを覚える。また最後に，公立小学校における2年間の実践が紹介されている。教室での実践の成果は何よりも力強く，その指導に思わず引き込まれる。

　最後の第3章は「リテラシーを育てる英語リーディングの指導」として，前の二つの章を受けて，英語リーディング指導の課題と展望をまとめている。英語リーディングが母語にも共通するリーディングの問題なのか，あるいは英語力の問題なのかは普遍的なテーマである。また続く節では，リーディング力におけるさまざまな語彙知識の役割を考察している。これまで論議されていたような語彙知識の「広さ」だけでなく「深さ」も重要であるとの議論は，いまだ単語帳で文脈なしに暗記している学習への警告である。そこから，アクセスやワーキングメモリなど認知的な関わり，そして未知語の処理について考察が続く。また，多読指導などに見られる「付随的語彙学習」についてもタスクの分類とともにまとめられている。そして，英文読解では最も大事な「英文の情景を心に描く」心的表象や状況モデルの構築の論議は，英語リーディングの指導において，何が最も大事なのかという問題提起を「訳読型」の教室に突きつけている。そして，視覚情報の活用，再話や要約などの活動は単に教室の授業を活発化するだけでなく，英語リーディングが単に暗号解読ではなく，英語を通

して得た情報を頭のなかで整理すること，そして発表へつなげるものであることを示している。

　リテラシーとは，単に読み書き能力ではなく，さまざまなかたちに表現されたものを適切に理解する能力であると考える。本書で取り上げたさまざまな理論や実践の紹介が，小学校から大学，そして生涯教育までの英語教育におけるリテラシーの育成に一石を投じることができれば幸いである。

著者代表　卯城　祐司

目　　次

監修にあたって
まえがき

第1章　グローバル社会における英語のリテラシー ―――――― 9
　　　　――日本の英語教育でめざしたいもの――

　第1節　グローバル社会のなかでのリテラシーとは　12
　第2節　言語における言語間の影響　27
　第3節　アカデミックなテクスト　40
　第4節　コンテント・ベース（内容ベース）の指導法（Content-based
　　　　instruction）　51

第2章　初期学習者を対象としたリテラシー教育 ―――――― 69
　　　　――音声教育から文字教育へ――

　第1節　英語圏におけるリーディング指導　70
　第2節　日本の公立小学校における文字指導　73
　第3節　日本の初期学習者に対するリーディング指導――ボトムアップ的
　　　　指導――　76
　第4節　日本の初期学習者に対するリーディング指導――トップダウン的
　　　　指導――　95
　第5節　公立小学校におけるリテラシープログラム（実践編）　111

第3章　リテラシーを育てる英語リーディングの指導 ―――――― 125

　第1節　日本人の英語リーディング力　125
　第2節　読解力の問題なのか，英語力の問題なのか　129
　第3節　リーディングにおける語彙知識の役割　133

目　次

　第4節　英文読解における未知語の処理　143
　第5節　心的表象──理解のプロセス──　153
　第6節　視覚情報（テキスト外の情報の活用）　161
　第7節　再話や要約（発表する力へのつながり）　163

　索　引　181

第1章　グローバル社会における英語のリテラシー
——日本の英語教育でめざしたいもの——

　読者は「リテラシー」という言葉を聞いて，何を連想するだろうか。国連関連のニュースなどでしばしば登場する「識字」だろうか。長い間受けてきた国語や英語教育のなかでお馴染みの「読解力」を思い浮かべる人もいるだろう。教育に関心の深い読者なら，経済協力開発機構（OECD）が行った学習到達度調査（PISA）開始以来，脚光を浴びている「PISA 型読解力」を思い出したかもしれない。「読書」を連想する人もいるだろう。最近では，「コンピューター・リテラシー」「メディア・リテラシー」「科学リテラシー」や「環境リテラシー」などという言葉も耳にする。どうやら「リテラシー」は，単なる「読み書き能力」という意味だけでは使われていないようだ。

　実際，「リテラシー」の定義はとても複雑で，誰が，どのような場面で，どのような目的で「リテラシー」を捉えようとするかによって，さまざまな定義の仕方がある。

　言語心理学者や教育心理学者などは，「リテラシー」を認知心理的行為と捉え，リーディングまたはライティングを行う際の，細分化された認知心理スキルや，そのスキルが働くプロセスの仕組みの解明に興味をもってきた。例えば，近年アメリカで掃出され，関心を集めた，「言語マイノリティーの児童生徒に関する国家リテラシー委員会（The National Literacy Panel on Language-minority Children and Youth）」による第二言語学習者のリテラシーに関する報告書では，「リテラシー・スキル」を以下の要素からなるものであると定義している（August & Shanahan 2006, p.1)。

①リーディング以前のスキル（Pre-reading skills）
　　活字の概念，アルファベット知識

②単語レベルのスキル
　　解読（Decoding），語の読み，存在していない語の読み，スペリング
③テクストレベルのスキル
　　流暢さ，読解，ライティング
　解読（decoding）とは，音と文字との関係を理解し，両者を結びつけることができる能力のことで，文字のつながりに関する知識や，スペリングを見て正確に発音できる力などを含む。英語では，音とスペリングの関係が複雑なため，このスキルをしっかり身につけられるかどうかが，リーディング力を左右する大きな鍵として大変重視されてきた。このように，「言語マイノリティーの児童生徒に関する国家リテラシー委員会」による報告書では，英語でのリテラシーを念頭においているので，英語という言語のもつ特徴ゆえに得に重要視されている項目もあるが，いずれにせよ，リテラシーが，細分化された認知心理的スキルの集合体として捉えられていることがわかる。
　こうしたアプローチでは，認知スキルだけでなく，メタ認知スキルも含められることが多い。メタ認知とは，「認知の認知」などと呼ばれることもあるが，自らの認知行為について考えたり，モニタリングを行ったり，修正を加えたりなどする能力をさす。自分の認知活動を，まるで第三者のように，肩越しに眺めて，分析しているようなものだと思えばよい。リーディングやライティングを行う際に，計画的に効果的なストラテジーを使えるスキルも，このなかに含まれる。
　一方，社会言語学者を中心に，リテラシーを，解読やスペリングなど心理言語的なプロセスの集合体にとどまらない，社会文化的実践の一つのかたちであり，一定の社会観を反映したものであると捉えるアプローチもある。このアプローチでは，心理言語的アプローチのように「どのように」読むのかだけではなく，「どれくらい」「何を」「何のために」読むのかを重視する（Eskey 2005）。リテラシーは，文化やコンテクスト，ジャンルなどにより異なるものになる。だから，このアプローチでは，リテラシーは，「リテラシー<u>ズ</u>」と複数形で表される。こうしたアプローチを，従来のアプローチとは<u>区別</u>する意で，「ニュー・

リテラシーズ」とも呼ぶ (Street 2008)。

　このニュー・リテラシーズのアプローチは，リテラシーの定義をおおいに拡大し，リテラシーをダイナミックなものとして捉えることとなった。従来の読み書き能力だけでなく，推測力などの高次の認知スキルや，リーディングによって得た知識をどのように社会のなかで実践していくのかということまで視野に入れるのである (Kramsch 1993)。また，言語的なものだけでなく，音やイメージなど，視覚・聴覚に入ってくるものを含めた，複数のモダリティーもその対象にする (Kress & van Ieeuwen 2001 ; Lotherington & Jenson 2011)。さまざまなテクノロジーの普及により，複数のモダリティーを駆使したリテラシーの習得は，もはや現代人にとって不可欠なものとなってきた。従来の文字だけを対象としたリテラシー教育実践は，大きな発想の転換を迫られているといえる。ニュー・リテラシーズでは，口語でのコミュニケーションも，リテラシーの一部になりうる (Reder & Davila 2005)。

　さらに，リテラシーを一種の政治的活動，または権力（パワー）の反映であるとする「批判的リテラシー」という考え方もある。批判的リテラシーでは，どのような支配的な価値観やアイデンティティがテクストのなかに貫かれているかを分析する力を養うことが目的となる (Morgan & Ramanathan 2005)。例えば，心理学の授業で，拒食症のテクストを読む際に，テクストを単なる病理学的な知識の吸収のために読むのではなく，テクストに隠された，非現実的な女性美に対する価値観などに対して疑問をもち，自分の考えをもつことができるような読みをめざすのである (Benesch 2001)。

　このように，リテラシーに対してはさまざまな考え方があるなかで，本章では，グローバル社会における，英語でのリテラシーをどのように捉えたらよいのかを考えていく。まず，この導入部分に次ぐ第2節では，グローバル化の進むなかで，とくに日本における学校の英語教育というコンテクストでは，どのようなリテラシーをめざしていったらよいのかを考える。筆者は，グローバル化のなかで必要とされるリテラシーの養成には，国語をはじめ，他教科との連携が大切だと考える。また，従来の文字だけを対象としたリテラシーの習得に

とどまらず，多角的なテクノロジーを媒介としたリテラシーの養成が次世代の教育には不可欠だと考えている。

その立場から，次に続く諸節では，英語でのリテラシーの育成と，母語またはほかの教科との関係性にまつわる事項をいくつか見ていきたいと思う。具体的には，第3節で母語と第二語の読みのプロセスにおける転移の問題を，第4節では，理科・科学のテクストを例に，アカデミックな場面（教科学習場面）に使われるテクストの言語的特徴の問題を，そして最後の第5節では，英語のリテラシー習得と教科学習を結びつける指導法の一つとして，大学レベルでのコンテント・ベース指導（content-based instruction）の可能性を紹介する。

第1節　グローバル社会のなかでのリテラシーとは

1　グローバル社会というコンテクスト

グローバリゼーションは，最近あちこちで使われる言葉だが，グローバリゼーション自体は，なにも最近始まった現象ではない。歴史を振り返ってみれば，大帝国がつくられたり，宗教が広い地域に普及したりと，グローバル的な動きはたくさんあった。しかし，最近のグローバル化には，過去のグローバル現象とは違った特徴があるといわれている。広い地域にまたがる人々のネットワークが強化され，そのスピードも，個人の生活に与える直接的な影響力も，過去とは比べものにならないスケールで進んでいるといわれている（Held 2000）。たしかに，パソコン一つあれば，世界のほぼどこからでもインターネットにつながり，地球の反対側にいる人とも瞬時に交信できるし，今まで聞いたこともなかった地域で起こった天災が，数日もたたないうちに，近所のスーパーマーケットの野菜の値段に跳ね返ってきたりする。

ただ，グローバリゼーションをどのように定義し，それが一体何を意味するかに関しては，「リテラシー」と同様，さまざまな考え方がある。グローバリゼーションは非常に複雑な現象である（Dale & Robertson 2002）。グローバル化によって，世界はどれくらい同質化したのか，ナショナリズムにどのような影

響があったのかなど，研究者の間では活発な議論が行われている。グローバリゼーション自体に関する詳細な議論については，本章の目的を超えるものなのでここでは立ち入らないが，リテラシーおよび英語教育政策という観点から，少なくとも以下の3点は簡単に押さえておく必要があるだろう。一つ目は，言語間を超えたグローバルなコミュニケーション活動における英語の役割の高まり，二つ目は，グローバリゼーションによる，文化アイデンティティや文化間のさまざまな差異への意識化，そして最後は，テクノロジーの発達・普及と，それにともなうリテラシー活動の多様化である。

(1) グローバル・コミュニケーションとしての英語の役割

まず，グローバル化によって，一定の言語が，経済や政治の舞台で大きな力をもつことになった。その結果，そうした言語は商品価値の高い言語と見なされ，学習者の人気を集めるようになる（Block & Cameron 2002）。そのなかでも英語がとくに大きな力をもち，多くの国々は，国民の英語力増進のために，競うようにして英語をカリキュラムのなかに導入したり，さまざまな英語教育改革に取り組んだりしている。英語の早期導入化への動きもその一つである。

英語を話す人口は，広範囲な地域に広がり，急激に増加している。カチュル（Kachru 1985）による英語使用地域の社会言語的な三分類（インナー・サークル，アウター・サークル，エクスパンディング・サークル）はとても有名なモデルなので，聞いたことのある読者も多いに違いない。インナー・サークルは，英語が言語・文化の基盤になっている地域である。いわゆる英語を第一言語として話している人たちが主に住んでいる地域で，イギリスやアメリカがこの代表格である。アウター・サークルは，長期にわたる植民地政策の影響で，英語を第一言語としない人たちの英語変種が，政治行政機関，教育，そのほかの社会生活場面で幅広く使用されてきた地域である。インド，シンガポール，フィリピン，香港などがここに含まれる。最後のエクスパンディング・サークルは，英語が外国語として使用されている地域で，日本，ロシア，中国もこのグループに含められている。図1.1は，このカチュルのモデルをもとに，それぞれのサークル内での推定人口を記したものである。

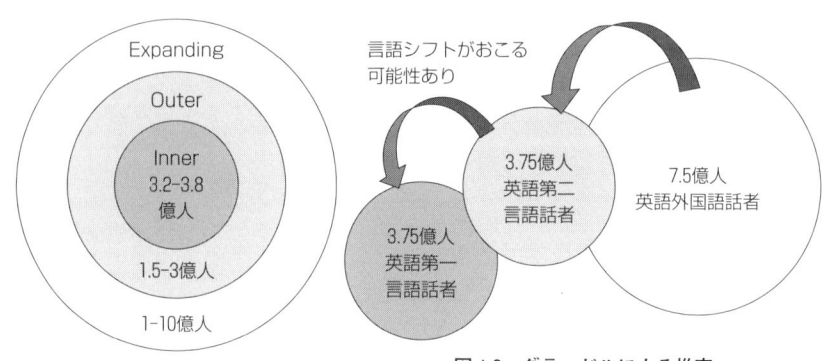

図1.1 カチュルモデルによる推定
出所：Crystal, 1997, p.54をもとに作成

（図中：Expanding / Outer / Inner 3.2–3.8億人 / 1.5–3億人 / 1–10億人）

図1.2 グラッドルによる推定
出所：Graddol, 1997, p.10をもとに作成

（図中：言語シフトがおこる可能性あり / 3.75億人 英語第一言語話者 / 3.75億人 英語第二言語話者 / 7.5億人 英語外国語話者）

　グラッドル（Graddol 1997）も同じような推定をしている。ただ，グラッドルの場合は，サークル内での人の動きも激しいことから，分類を地域ではなく，個人の英語との関係（英語を第一言語，第二言語，外国語として話すか）によって分類している。さらにグラッドルは，Kachru（1985）のモデルでインナー・サークルが真ん中におかれているのは，英語を第一言語として話す人（母語話者）を中心とした権力構造を暗示しているかのような印象をもたれかねないとして，図1.2のような図式を提示して，英語人口を推定している。

　ここで重要な点が三つある。一つは，英語を第二言語または外国語として話す人の数が，第一言語（母語）[1]として話す人の数を大幅に上回っていることである。二つ目は，英語を外国語として話す人たちの数が急増していることである。この二点から，今後，グローバル社会では，英語を母語としない人同士の間での英語使用がますます多くなっていくと予想されている。このことは，英語の母語話者の英語を唯一のモデルに据えてきた従来の英語教育のあり方に，疑問を投げかける考え方の支持基盤の一つになっている。

　日本が今後さらに交流を深めていくだろうと予想されるアジア諸国だけに目を向けてみても，英語推定使用人口が一番多いのは，インドの3.3億人と中国のやはり3.3億人で，圧倒的な数である。さらに，両国の英語推定使用者の総

人口に占める割合は，それぞれ30％と25％であり，今後さらに増加していくとみられる。次に多いのは，フィリピンの4400万人で，日本の2500万人は，堂々の第4位である（Bolton 2008）。実は，発表されている使用推定人口だけからみると，日本はかなりの「英語国」なのである。もちろん，英語使用人口をどのように推定するのか，熟達度はどのように考慮されているのかといった問題点はあるものの，日本人が，英語を第二言語・外国語として話すほかの国の人々と英語を使用する機会は，今後，間違いなく増加していくことだろう。

さらに，三つ目の重要点として，第二言語から第一言語，外国語から第二言語として英語を話す人へ，シフト化が進んでいるという点がある。グラッドル自身は，2006年に出した *English Next* という本のなかで，外国語としての英語の時代は終わったといっている（Graddol 2006）。ただ，第一言語，第二言語，外国語という定義自体がはっきりしないうえに，英語使用の質や場面が非常に多様化し，英語使用量も変化していくなかで，そもそも，第一言語としての英語，外国語としての英語といった分類自体が，意味をなさないとする研究者たちも増えてきている（Nayar 1997など）。カチュルモデルの三分類も，実質的な有益性を失いつつあるといえるかもしれない。

(2) 文化アイデンティティや文化間のさまざまな差異への意識化

国境を越えた人とモノの移動の活発化で，世界の多くの地域で多言語化・多文化化が一層進んでいる。日本でも1990年代前半から，いわゆるニューカマーと呼ばれる外国人の居住者が増えてきた。そして，それまで国内にいた在日韓国・朝鮮人や在日中国人など，オールドカマーといわれる人々の存在をほとんど意識化したことがなかったような多数派の日本人のなかにも，異言語・異文化をもった人たちの存在を意識する人が増えてきた。多言語・多文化化の進行で，複数やハイブリッドのアイデンティティの形成がなされる一方，この動きは既存のアイデンティティへの脅威へもつながっている。グローバル化のもたらす流動化で，自らのアイデンティティの拠り所を求めて，何らかの社会集団への帰属を求める人が増えてきているのである（岩淵 2007）。

こうした状況のなかで，従来の国家という枠組みが，新しい受け皿としての

役割を果たしてきていることも確かであろう。岩淵（2007）は，日本におけるナショナリズム的な文化や思考に対する回帰的な状況をいくつも指摘している。そうした例のなかには，国際化[2]に対応するために，「英語で日本の文化を堂々と発信できる力を養成しよう」などという，英語教育のなかではしばしば聞かれる主張も含まれている。

　国境をまたぐネットワークが広がり，強化されていくなかで，既成の国家が具体的にどのような行動を起こすかは，その国のローカルな歴史，文化，政治的要因と，グローバルな諸要因との力学によって違ってくる。ただ，国家そのものの捉え方，そして国家がとる政治・経済政策，および言語・教育政策の果たす役割は，グローバル化によって大きく変化してきたといえる（Block & Cameron 2002）。

(3) テクノロジーの発達とリテラシー活動の多様化

　テクノロジーの進歩で，わたしたちのコミュニケーションのあり方は，大きく変化している。電子メール，チャット，ブログ，テクスト・メッセージ（Short Text Message：STM）など，新しいコミュニケーションの形態が，若者を中心に急速に普及している。ニュースはテレビではなく，インターネットで読む（見る？）人が増えている。情報伝達の形態だけでなく，読んだり書いたりする目的もジャンルも多様化している。同じ電子メールでも，友だちに近況を簡単に伝えるためのプライベートなメッセージと，深刻なビジネス・メールとでは，言語的特徴が大きく違う。

　さらに，こうしたテクノロジーの変化は，非常に速いスピードで進んでおり，今後，どのような形態が可能になり，コミュニケーションのあり方が，どのようなかたちで変化していくのが，予想がつきにくい状況にある。しかし，教育政策は，20年後，30年後の長いスパンで目標設定を行い，計画を立てなければならない。高速で変化する時代のニーズに対応していける能力とはどのようなものなのかについての十分な検討が，以前にも増して重要になっているといえる。わたしたちもリテラシーを考えていくうえで，テクノロジーを媒体としない従来のリテラシーの定義に固執していては，今後のテクノロジー社会のニ

ーズに対応できないことは確かであろう。

インターネット上でも，多言語状況が顕在化している。1998年には85％が英語のサイトだったが，2005年には32％になるなど，英語の相対的な割合が下がる一方で，中国語をはじめ，英語以外のサイトが急速に増えてきている。多くのユーザーは，プライベートまたはローカルな情報交換は母語で主に行い，グローバルな情報は，母語以外に，英語やほかの言語から入手するという（Graddol 2006）。つまり，ここでも二言語以上操る人は，それだけ多くの情報にアクセスできることになる。

テクノロジーの進歩によるコミュニケーションのあり方の変化は，コミュニケーションのための言語教育指導のあり方にも，変化をもたらした。コミュニケーションの形態も，目的も，ストラテジーも多様化している一方で，ある特定のコミュニケーションのあり方を規範とした言語教育メソッドが，世界中に普及していると警告する研究者もいる（Cameron 2002）。コミュニカティブ言語指導（Communicative Language Teaching：CLT）は，たしかに日本でも，ネイティブ教師の採用や会話重視のカリキュラムなどに見られるように，昨今の英語教育に大きな影響を与えてきた。ただ，そこで教えられているコミュニケーション能力や，効果的なコミュニケーションの方法（例えば，会話のときのアイ・コンタクトのとり方やジェスチャー，ディベートの仕方など）は，欧米社会で好ましいとされている，ある一定の価値観を前提としたものであり，決して普遍的なものではないと，カメロンは主張している（Cameron 2002）。

2　グローバル社会での英語

(1)　話者による多様な英語（ネイティブ・モデルと非ネイティブ・モデル）

このように，グローバル化によって，英語はもはや母語話者だけのものではなく，英語の非母語話者の間でも，共通言語として（少なくとも，現時点では，いくつかの共通言語のなかで最も汎用性の高い言語として），圧倒的に大きな力をもつようになった。そして，英語と同時に，欧米の特定の言語文化価値観も，グローバルな場面でのコミュニケーションの仕方や，言語教育法に強い影響力を

もってきたことを指摘した。その一方で，英語の言語形式（発音や語彙，文法など）や語用のあり方は，使用者の多様化，コミュニケーションの目的や形態の多様化で，非常に多様化している。

　このような状況のなかで，英語教育の研究者，教育関係者の間では，どのような英語を目標とすべきかに関するさまざまな議論が展開されている。そうした議論のうち，ここでは，英語の多様性を認め，特定のネイティブの英語（ネイティブ・モデル）を絶対的な規範としてきた従来の英語教育のあり方に疑問を投げかける考え方を二つ紹介する。一つは，世界英語（World Englishes：WE）であり，もう一つはリンガ・フランカとしての英語（English as a lingua franca：ELF）である。両者ともに，活発な議論の対象となっている。

　世界英語（WE）は多様性にハイライトを当て，それぞれの英語変種に，いわば市民権を与えようとする動きである。インド英語，シンガポール英語など，さまざまな英語変種の言語的・社会言語的特徴の分析が進んでいる。リテラシーズとリテラシーを複数化して，その多様性を表現したグループがあったのと同様に，ここでも English が Englishes と複数形になっていることに注目してほしい。ただ，今まで WE が対象としてきたのは，旧英語圏植民地で英語が制度的に使われてきたアウター・サークルでの変種が中心であった[3]。

　リンガ・フランカとしての英語（ELF）は，WE の流れを組むものではあるが，従来の WE のアプローチからさらに一歩進んで，日本などのように，もともと英語が外国語として教えられてきたエクスパンディング・サークルに守備範囲を広げ，多様なユーザーがコミュニケーションを行う際の言語使用に注目するものである。発音に関しては，ELF では，非母語者の間でも，誤解をせずにコミュニケーションを行えることが第一義だとし，そのために，最低限押さえておかなくてはいけない特徴をリンガ・フランカ核（Lingua Franca Core：LFC）として抽出し，コミュニケーションにあまり支障のない発音は，核でないもの（non-core）とした（Jenkins 2000）。例えば，子音の発音はおしなべて大切なので，ほとんど LFC に分類されるが，日本人がよく苦手とする歯音の［θ］や［ð］（歯と歯の間に舌を挟んで出す音で，thank you は無声音［θ］，mother

は有声音［ð］である）は，LFC には入らない。つまり，こうした歯音の発音に多くの時間をかけて矯正しても，コミュニケーション自体の向上にはあまり貢献しない。したがって，リンガ・フランカ核の提唱者 Jenkins（2000）は，発音練習は，コミュニケーションに影響を及ぼす LFC を中心に行ってもよいと提案した。

　世界英語（WE）もリンガ・フランカとしての英語（ELF）も，英語指導への導入に関しては，賛成・反対ともに大きく議論が分かれている。日本を含むエクスパンディング・サークルの教育者・研究者のなかには，WE の理念は理解しながらも，実際に自分の教室で，インド英語やシンガポール英語を導入することには難色を示す人も多い。また，英語を外国語として話す学習者の英語を過ち（エラー）と捉えずに，バリエーションと捉える ELF に対しても，戸惑いを隠せないケースが多い（Jenkins 2007）。歯音の［θ］や［ð］があまりコミュニケーションの支障にならないから，とくに教えなくてもよいといわれても，やはり抵抗感があるという教師が多いだろう。おもしろいことに，リンガ・フランカ核自体が，そもそもインナー・サークルから発せられた考え方なのである。英語を母語とする革新的な知識人と，英語を外国語として指導するノン・ネイティブの教師との間に，考え方のギャップがあってもあまり不思議ではない。書き言葉に関しては，教師は，さらに保守的な態度をとる傾向が強い。

　教師だけでなく，学習者も何らかの規範を求める意識が強い。WE や ELF の考え方は，まさに学習者が，特定のインナー・サークルの英語（ネイティブ・モデル）を絶対的な規範としていることの問題性を指摘しているのである。しかし，その一方で，エクスパンディング・サークルにおいて学習者が必要としているのは，学習のターゲットとしてのノン・ネイティブの言語モデルではなく，さまざまな言語文化背景をもった英語話者は，思考や感情を異なった方法で表現するのだということを理解し，その多様性を尊重することができるようになることだとの主張もある（Kuo 2006）。

　日本のように，エクスパンディング・サークルに入っている地域において，どのような英語を教室内で導入するかは，非常に複雑な問題である。どこまで

を英語の変種と認めるのか，どこで線引きを行うかの判断は，きわめて政治的・社会的・歴史的な要素に左右される。多様な英語の変種に理解を示す教師にとっても，英語の指導時間に制限がある以上，多様性を無制限に教室内に導入することはできない。そこで，何か「核」になる部分を抽出して教えてはどうかという考え方がリンガ・フランカとしての英語（ELF）だったのである。ELF は，多様性のなかに何らかの統一部分を見極めようとする動き（unity in diversity）の一つとも考えられる。しかし，すでにふれたように（少なくとも現時点では），非ネイティブ・モデルから抽出した「核」を教室内に導入することは，多くの教師にとっても，学習者にとっても，まだまだ抵抗があるのが実情のようである。

(2) ジャンルによる多様な英語

WE や ELF とは独立に，書き言葉に関しては，古くから対照レトリック（Contrastive rhetoric）という言語研究分野があった。カプランが 1966 年に発表した，英語を第二言語とする学生の言語文化背景の違いにより，英語のエッセイに特徴的なレトリックの違いが表れているとする論文（Kaplan 1966）は，その後の対照レトリック研究に大きな影響を与えた。カプランが描いた，言語文化によって，段落の結びつきのあり方がどのように違うかを図化したもの（図1.3）はとても有名なので，目にしたことがある読者もいるだろう。カプランによると，英語の思考パターンは直線型なのに対し，日本人をはじめ東洋系の言語文化は，渦巻きのような思考パターンだということになる。寄り道，回り道

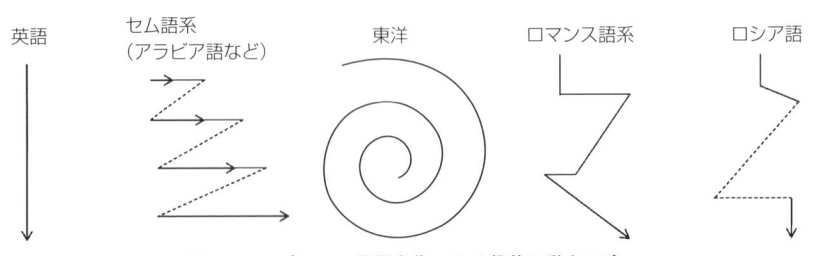

図1.3 カプランの言語文化による段落の動きの違い

出所：Kaplan, 1966, p.15

が多く,なかなかストレートに本題から結論までつながっていかないということなのだろう(読者はこの解釈をどのように受け止めるだろうか)。

このカプランの図から,約半世紀の間に,対照レトリック研究は発展をとげ,また,同時に多くの非難の対象にもなってきた。上記のカプランの記述からもわかるように,対照レトリック研究では,往々にして「文化」を,国やエスニック・グループなどといった,いわゆる「大きな文化 (big culture)」で分類し,さらに固定的なものとして捉えているとの批判がある(この点では,「インド英語」「シンガポール英語」といった WE の考え方も同じだといえる。つまり,インドやシンガポールといった大きな文化で分類し,それぞれの英語変種を固定的なものとして捉える傾向がある)。その一方で,対照レトリック研究が,その研究手法として使ってきた「テクスト分析」研究自体が,大きな変化をとげてしまった。「テクスト分析」を行っている研究者は,単にテクストの言語的な意味を解読するのではなく,特定のコンテクストのなかで,意味がどのような意図をもってどのように構築されているのかを分析する方向に関心を移してきた。つまり,対照レトリック研究を行うときに,研究者が大いに頼りにしていた「テクスト分析」という道具自体が,使い方の目的を変化させてしまったのである。

そのような動きを受け,最近では,「対照レトリック」の代わりに,「文化間レトリック (intercultural rhetoric)」という名称が使われるようになった (Connor 2004)。対象とするテクストも,アカデミックなテクストだけでなく,ビジネス文書や,法律文書など,多岐なジャンルに及ぶようになった。そして,「文化」の切り口を,従来の国別やエスニック別の「大きな文化」ではなく,教室内の文化,ローカル・コミュニティーの文化,教科の文化(算数,理科,歴史など)のような「小さな文化 (small cultures)」へシフトさせた。さらに,文化自体もダイナミックなものと捉えるようになってきた。例えば,同じ要件を盛り込んだビジネス・レターを書くにしても,相手によって語彙や丁寧表現を変えたりするように,同じジャンルの同じ人物によって書かれたテクストでも,状況によってレトリックは変化すると考えるのである (Connor 2004)。

以前に紹介したニュー・リテラシーズの研究者も,同じように,リテラシー

をダイナミックなものと捉えていた。彼らは，書きことばのテクストだけでなく，子どもたちが家庭やコミュニティーでふれている日常の話し言葉のテクストもリテラシーの一部として含め，その重要性を主張している。欧米における移民の子どもたちを対象とした教育者の間では，第二言語のリテラシーの指導に，子どもの母語を積極的に活用するなど，ハイブリッドな言語使用を推奨する動きも活発になってきている（Lotherington & Jenson 2011）。

(3) Global literate English

教室内で多様性を尊重することに異議を唱える者はいないが，どのようなかたちで多様性を学校教育にもち込むかは難しい問題であり，研究者の間でも統一見解はない。例えばワラス（Wallace 2002）は，学校に導入するべきなのは，目の前にある多様性ではなく，将来，多様性に対応できるための普遍性であると主張する。学校でこそ，日常生活ではふれられない，フォーマルな場で使われる，言語的にも認知的にも複雑で，応用範囲の広いテクスト（これをワラスは global literate English と呼んでいる）を導入するべきだという。

この global literate English も，多様性の中に何らかの統一性（unity in diversity）を見いだそうとする考え方の一つだといえる。そのため，一見，リンガ・フランカとしての英語（ELF）の考え方と似ているようだが，ワラスは，ELFとの大きな違いを強調する。ワラスの global literate English は，特定の話者モデルに基づくものではない（ネイティブ・モデルでも非ネイティブ・モデルに基づくものでもない。ELF では，非ネイティブ・モデルであったことを思い出してほしい）。また，global literate English は長期的な視点で，さまざまなジャンルにおける多様性に対応できる力をつけることを意図したものであり，ELF のように，今，目先にある多様性（非ネイティブ同士のコミュニケーション）を遂行するために，最低限必要なものを分析し，それを教室で指導するという考え方とはまったく袂を分かつという。ワラスによれば，global literate English がめざすのは，グローバルな社会で，ネイティブおよび非ネイティブがフォーマルな場で使う英語の書き言葉である。そして，テクストを批判的に読み込み，それについて話し合うことのできる global literate talk の習得だという。

(4) 日本の英語教育でめざすリテラシー

では，もし，日本の英語教育のなかで，global literate English の考えを導入するとしたら，現行の英語教育のどのような部分で，考察・再検討が必要になってくるだろうか。もう一度，global literate English の条件を整理してみよう。

① 対象は，特定のネイティブの英語である必要性はない。
② 機能的で，グローバルなニーズにあっている英語。
③ 長期的な視点にたって，できるだけ普遍的で，多様な場面・相手にも対応できる応用性の高い英語。
④ 言語的・認知的負担が大きく，日常生活では学びにくい，フォーマルな書き言葉（だからこそ，学校で学ぶ必要がある）。
⑤ 多様なジャンルから，とくに違う立場・価値観に基づいた筆者によって書かれたテクスト。
⑥ テクストを批判的に読み，計画的で，フォーマルなディスカッションまたはディベートを行うことで養える，テクストについて語る力。

このようにしてみると，現行の日本の英語教育との違いも見えてくる。以前にふれたコミュニカティブ言語指導（CLT）は，日本でも非常に大きな影響力をもち，中学から大学にいたるまで口語力増強のための会話のクラスなどは随分増えた。しかし，ワラスによれば，このような会話クラスでは，短いインフォーマルなやりとりが中心で，テクストについて語ることができるような力は養成できないという。他国と比べても非常に薄い，日本の昨今の中高のリーディングの教科書についても，再検討が必要だといえるだろう。

言語的，認知的に複雑なものをあえて取り上げるという考え方も，global literate English では重要である。たしかに，この部分は，外国語環境よりも第二語環境を主に念頭においた主張であるという印象は免れないが，いずれにせよ，学習者が自分では学びにくい点をあえて学校で取り上げることで，学習者があとでさまざまな状況に自分で対応していくことができるようにしてあげるという発想は，外国語環境でも大切であることには違いない。そのため，授

業のなかで取り上げるジャンルも，アカデミックなものを積極的に取り上げることが推奨される。

　もちろん，このglobal literate Englishの提案を，現在の日本の英語教育にそのまま導入するのは難しいだろう。具体的にglobal literate Englishがどんな内容になるかに関しても，もっと明快な青写真が必要である。ただ，筆者は個人的には，global literate Englishの基本的な理念には，今後の日本の教育全体を考えていくにあたり，示唆に富む要素がいろいろ含まれていると考える。例えば，テクストについて語る力の養成は，日本の英語教育はもとより，国語科でもしっかり行われてきたのかどうか心もとない。国語教育への大きな挑戦状ともいえる。

　母語で，テクストについて語る力を十分に身につけていないのだとしたら，その力をいきなり外国語で身につけろというのは，たしかに無理難題であろう。したがって，このような力は，母語と外国語との二人三脚で，時間をかけて身につけられるようなカリキュラムが必要だと考えられる。

　欧米で導入されている（母語での）リテラシー教育モデルのレビューを行ったウンズウォース（Unsworth 2001）によると，どのモデルにも例外なく，次の三つの側面があるという。

- リテラシーの認識（recognition of literacy）
- リテラシーの再生（reproduction of literacy）
- リテラシーの投影（reflection of literacy）

　リテラシーの認識とは，テクストの意味を構築する言語的・視覚的なコード（このなかには，綴りや正書法，文やテクストがどのようになっているかなどの知識が含まれる）に気づくことである。これは，いわばわたしたちが，それぞれの日常文化生活のなかで，読んだり，書いたりしている実践そのものである。二番目のリテラシーの再生は，学校教育などの社会文化機関内で使われている慣習化されたかたちに従い，テクストを理解し，つくりだすことである。最後のリテラシーの投影は，さまざまな立場，視点に基づいて，テクストを読んだり，書いたりすることである。誤解をおそれずに，非常に簡略化してこの三つの要

素を特徴づけるとすれば，それぞれ，日常生活に根付いたリテラシー，学校などの文化システムのなかのリテラシー，社会実践として分析の対象として捉えるリテラシーということにでもなるだろうか。

　この三つの側面は，必ずしも時系列的に並べられるものでもなく，幼い子どもでも，リテラシーの投影を行うことはできる。しかし，基本的には，リテラシーの投影には再生が必要であるし，リテラシーの再生を行うには，まずリテラシーの認識がなくてはならないということが前提となっている（Unsworth 2001）。

　ワラスのいう global literate English での「テクストについて語る力」は，ウンズウォースのリテラシーの投影に，ほぼ相当するものだと考えることができる。したがって，global literate English の考えを採用するとすれば，日本では，国語を含む，他教科の授業と英語の両方の授業のなかで，相乗的に訓練を行い，最終的に日本語と英語の両方で（マルチリンガルでできるとなおよい）テクストを語る力を身につけることができると理想的だということになる。

　もし，global literate English を大学卒業までにある程度身につけておきたいという目標設定をするなら，筆者は，中等教育までの英語の授業では，ウンズウォースのいうリテラシーの認識と再生を徹底的に行い，投影は，国語やほかの教科の授業のなかで主に行いながら，英語の授業では折にふれて行うのがよいと考える。しかし，英語のテクストのどのような語彙，表現，構造が，リテラシーの投影の足がかりになるのかは，英語の授業のなかで，きちっと指導してあげなくてはならない。そして，生徒の英語の熟達度が上がるにつれて，徐々に英語でテクストを語る練習を増やしていくようにできるとよいと思う。

　英語でテクストを語る機会を設けるために，大学レベルでは，教科内容の指導を英語で行う指導法（コンテント・ベースの指導法）の導入も一つの選択肢として検討してもよい。実際，世界中の多くの大学では，すでに教養・専門科目の一部または全部を英語で行うところが急速に増えている。日本でも，そのような方針を打ち立てる大学がいくつもでてきた。ただ，英語で授業を行うこと自体が目的化してしまっては意味がない。教養・専門科目を英語で行うことで，教科科目内容の習得と，リテラシーの投影を含めた総合的なリテラシー教育を

（日本語だけではなく）英語で行えるように，綿密なカリキュラムを組む必要がある。教養・専門科目の一部を英語で行うことは，母語をおろそかにしてもよいということではない。日本語と英語（つまり，少なくとも二つ以上の言語で）テクストを語る力をつけるための，指導戦略として捉えるべきである。

　Global literate English を習得するには，英語をコンテクストのなかで学習することが大切であり，国語科をはじめ，他教科との連携が不可欠であるという立場から，以下に続く各節では，英語でリテラシーの認識，再生，投影の指導と，母語または教科内容との関係にまつわる事項を，いくつか見ていきたいと思う。

　まず，第2節では，英語でのリテラシーの認識の部分に焦点をあてる。具体的には，母語のリテラシー（とくに認識の部分）の何が，第二言語（または外国語）でのリテラシーに影響するのかを考えてみたい。第二言語（または外国語）では，母語で確立されたリテラシー能力を土台に習得が進む。つまり，第二言語教育（外国語）でのリテラシー教育では，母語のリテラシーの役割を無視できない。「外国語教育の前に，まずは母語のリテラシーを確立してから」という声は，小学校での外国語学習導入をめぐっての議論のなかなどでもしばしば登場するが（例えば，大津 2005 など），母語のリテラシーの何が転移（transfer）するのか，何が影響するのかを把握しないことには，具体的な指導に結びつけることができない。転移に関しては，まだまだわからないことだらけであるが，最近の研究から，読みのプロセスは，言語にかかわらず普遍的な部分と，言語特有な部分があり，両者の仕分けが徐々に進みつつある。

　続く第3節では，英語でのリテラシーの再生能力を促進するために，英語のアカデミックなテクストの言語的・認知的な特徴を概観する。教科の教科書にでてくるような説明文では，どのような語彙や表現，文法が使われ，どのように意味が構築されているのだろうか。そして，どのような語彙や表現が，次のリテラシーの投影を行うときの手がかりになるのかを考える。

　そして，最後の第4節では，リテラシーの投影を英語でも身につけられるようにするための選択肢の一つとして，欧米を中心に導入されているコンテント・

ベースの指導法のモデルを紹介する。

第2節　言語における言語間の影響

1　転移とは何か

　第二言語（外国語）のリテラシー習得には，母語でのリテラシーの経験が何らかのかたちで影響を与えていると考えられる。もともと転移は，行動主義心理学のなかで，以前に習得した知識が，新しい知識の習得に際し，その心理的プロセスに影響を与えることだと捉えられていた。言語学習における転移では，母語の知識が，新しい言語学習の妨げになる場合を「負の転移」（negative transfer）と呼び，新しい言語学習を促進する場合を「正の転移」（positive transfer）と呼んだ。そして，母語と学習対象言語の相違点・類似点を比較する対照分析（contrastive analysis）に基づき，学習者が産出する中間言語（interlanguage）または誤り（errors）のなかに，母語の影響がみられるかどうかなどの研究が行われてきたのである。

　しかし，学習者の中間言語に見られる現象は，単なる表面的な母語の特徴だけから説明できるものではないことがわかってきた。その後，「正」「負」といった価値観をともなうような表現を避けたり，母語に特化せず，学習者が以前からもっていたあらゆる言語知識（このなかには，学習者がもつ不完全な第二言語の知識も含まれる）の影響を，転移の概念に含めたりする動きもでてきた。オドリン（Odlln 1989）では，転移を「対象言語と，学習者がすでに（そしておそらくは不完全に）習得した言語との類似点と相違点から引き起こる影響のこと」（p.27, 筆者訳）と定義している。また，転移の代わりに，言語間の影響（cross-linguistic influence）などといった用語も使われるようになってきた（Kellerman & Sharwood-Smith 1986；Odlin 1989）。

　このように，転移の扱いは，多少の変化をとげたものの，こうした従来の考え方には，根本的な問題があるという指摘がでてきた。一番大きな問題として指摘されているのが，母語ないしは既習の言語知識が学習する言語へ影響を与

えているという，一方向の流れが前提になっている点である（Kecskes & Papp 2000）。ここには，母語ないし既習の言語知識を，固定化された知識として捉える姿勢がうかがえる。また，こうした固定的な言語知識の捉え方は，通時的な視点に欠く（Kecskes & Papp 2000）という指摘にもつながる。つまり，従来の転移の考え方には，学習者の言語知識が，時間とともにダイナミックに変化していくだろうという発想が欠けているというのである。新しい言語を学ぶことで，既習の言語知識自体が常に変化していると考えるほうが適切だという指摘である。

　バイリンガルの研究では，第二言語や外国語を学習している人，つまり二つ以上の言語を話す人（広義の意味でのバイリンガル）の知識構造は，モノリンガルの頭を二つ突き合わせたものではなく（Grosjean 1989），モノリンガルとは違ったユニークな能力（multicompetence）をもっているという考え方が，浸透している（Cook 1991）。このような考え方に基づけば，そもそも，モノリンガルのネイティブ・スピーカーの言語を目標におき，学習者の発達途上の言語（つまり，中間言語と呼ばれるもの）が，目標とどのように違い，その違いが学習者の母語など既存の知識を反映したものかどうかを分析するという，従来の転移研究のアプローチ自体が，疑問視されることになる（Kecskes & Papp 2000）。

　一方，転移は，第二言語にふれることで常に変化していくという，ダイナミックな捉え方は，徐々に市民権を得てきているようだ。例えば，機能主義的なアプローチをとる研究者は，言語の本質は，コミュニケーションを行うことによって意味と形を結びつけることであると考える。そして，言語習得とは，ルールを身につけたか否かという二者択一的なものではなく，母語で形成された概念を出発点に，第二語にふれることで，概念の修正を常に繰り返しながら，意味と形の結びつきを徐々に身につけていくことだと考える（MacWhinney 1992）。語用論（文脈のなかでの言語使用の原理を探る分野）の研究者の間でも，転移を動的で双方向的なものと捉える考え方が支持されている（Kasper & Blum-Kulka 1993など）。

2 カミンズとリテラシーにおける転移

　上記は言語習得一般における転移の話であったが，では，リテラシーにおける転移はどのように考えられてきたのだろうか。1980年代に，カミンズという研究者が，二言語共有説（氷山説）を提唱している（Cummins 1984）。これは，バイリンガル児童・生徒の，リテラシーおよびアカデミック・スキルにおける二つの言語間の関係を概念化したものである。バイリンガル研究や教育の分野では，大変よく知られているモデルだ。

　カミンズ（Cummins 1984）によると，母語と第二言語には，発音や語彙，文法など，表層面では違いがあっても，リテラシーに関わるスキルやアカデミック・スキルには，二つの言語間で共有面があるという。この共有面に相当するものとして，カミンズは概念知識を挙げている。例えば，「政治」という概念を日本語で習得していれば，英語の politics を学ぶ際には，英語のラベル politics を既成の概念の上に張りつけるだけですむことになる。たしかに，第二語で新しく概念から学ぶよりは効率的であろう。概念のほかに共有面に当たるスキルとして，カミンズは，高次の思考スキル（ここにはメタ認知スキルなども含む），リーディングのストラテジー，作文を書く際のスキルなどを挙げている。カミンズによれば，このような共有面でのスキルは，どちらかの言語で習得できていれば，第二語の習得に転移できることになる（二言語相互依存仮説，the Interdependent Hypothesis）。

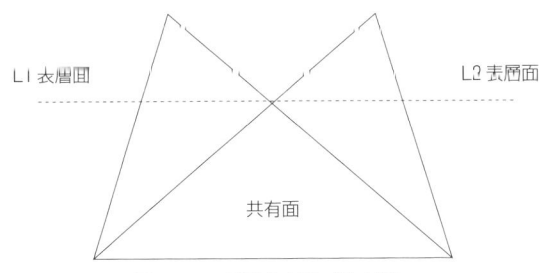

図1.4　二言語共有説（氷山説）

出所：カミンズ（1984, p.143, 中島 1998, p.37）

カミンズの二言語相互依存仮説は，バイリンガル教育のなかで，母語でのリテラシーの養成が第二言語のリテラシーの習得に役立つという理論的根拠に使われてきた。ただ，カミンズによれば，転移は自然に起こるものではないという。転移が起こるためには，子どもたちは，アカデミックな場面で両方の言語を適切に使えるような機会を与えられる必要があるという。また，転移は，どの言語の組み合わせでも起こるが，日本語と英語の場合のように両言語がかけ離れている場合，類似点の多い言語の組み合わせの場合と比較して，その転移の度合いが少なくなるともいっている（Cummins 2000）。

　ただ，この仮説自体は，転移が起こるためにどのような学習機会が適切なのか，どれくらい両方の言語での学習が行われるべきかといったことに関しては，何も具体的なことを示していない。転移はどのような状況で起こり，両方の言語にどのような変容を及ぼすのか，そのダイナミックな仕組みを説明するようなモデルは，まだ提示されていない。

3　第二言語の読みにおける転移―新しい動き

　第二言語の読みにおける転移の研究は，読みに関する膨大な研究量から考えると，まだかなり少ない。コダ（Koda 2008）によると，何が転移するかについて，研究者の間でまだコンセンサスがとれていないという。その理由の一つとして，そもそも読みをどのように捉えるかに関して，研究者により見解が大きく分かれているからだとコダはいう。読みを，さまざまなスキルや能力の集合体として考えるか，それとも一つの包括的なものとして捉えるかによって，転移の捉え方が違ってくる。後者の立場に立てば，テクストから意味を構築するという最終的な読みの目標は，何語で読んでいても同じであることになる。つまり，読みのプロセスは普遍的であり，転移や言語間の影響は，そもそも関心の対象にならない。しかし難読症など，読みにまつわる諸問題の解明には，読みをさまざまなスキルや能力の集合体と考える前者の立場を受け入れ，サブスキルを検証するアプローチをとるほうが，問題の所在を的確に把握するのに適しているとする主張もある（Koda 2008）。

読みをさまざまなスキルや能力の集合体として捉えた場合，読みは大きく分けて，次の三つの要素で構成されていると考えられる（Koda 2007, p.4）。
① 活字から言語情報を引き出すこと（解読）
② 引き出された言語情報から，節や文，段落などの単位で意味を構築すること（テクスト情報構築）
③ テクスト情報を既成知識と結びつけること（読み手モデル構築）

いままでの読みの研究は，英語でのケースに非常に偏っていたのだが（Share 2008），最近では，非アルファベットの正書法（orthography）をもつ言語を含めた（日本語もこれに含まれる）さまざまな言語の組み合わせによる研究が行われるようになり，言語間での読みのプロセスの違いが，少しずつではあるが，徐々に明らかになってきている。ただ，本章では，上記の三つの要素のうち，一番目の解読に焦点をあてて見ていくことにする。ほかの二つの要素に関しては，言語間での研究がまだほとんど進んでおらず，転移の仕組みがよくわかっていないためである。

4　正書法と解読のプロセス

まず，読みの前段階として，子どもは，音声言語が音という単位からできていることに気づかなくてはいけない（phonological awareness）。そして，読みの第一歩は，言語音と文字（graphic symbols）を結びつけるところから始まる。表記システム（writing systems）により，文字が対応する音の単位が異なる点が重要である。

英語などアルファベットでは，一つの文字が音素（phonemes）という単位に対応している。音素は，言語音の最小単位である。例えば，英語の cat だったら，/c/ /æ/ /t/ という三つの音に c–a–t という三つの文字が対応している。アルファベットというと，わたしたちには英語で使われているラテン文字がお馴染みだが，韓国語で使われているハングルも，やはり音素を単位としている（ただし，ハングルの場合，音素をパーツに音節が箱型に並べられている）。日本語のひらがな，カタカナは，基本的に音節（syllables）に対応している。音節の定

義は少し厄介なのだが,「母音の前後に子音が結合して作られる音声単位」(窪薗 1995, p.17) と考えればよいだろう (ただし,日本語は厳密には,音節ではなく,モーラというリズムをもとにした単位が基本となっている)(4)。一方,漢字は,一文字が形態素 (morphemes) または語に対応している。形態素とは,意味の最小単位と考えればよい。

　子どもは,読みを身につけるにあたり,まず,音声言語が音からできていることや,一定の音の単位が,規則的に文字に対応していることを理解しなくてはいけないとすでに述べた。しかし,こうした知識は,一つの言語の文字システムにふれることで習得できれば,そのまま別の言語にも当てはめることができる。つまりこの部分 (the general mapping principal, Koda, 2008, p.73) は,普遍的な知識であるといってよい。

　しかし,実際にある言語で読みを行うには,どの音の単位が,具体的にどのように文字に対応しているのか (the mapping details, Koda, 2008, p.73) を知らなくてはいけない。これは,個別の言語にたくさんふれることによって,初めて理解できるものであり,それぞれの言語に固有の知識となる。英語の場合であれば,まず文字に対応する基本的な音の単位は音素であり,その規則性または不規則性の度合いも,実際に英語のテクストにたくさんふれることで,習得していく。日本語の場合であれば,かなは音素ではなく,音節に対応しており,漢字は形態素ないしは語が基本単位であることを理解しなくてはいけない。さらに,具体的にどの漢字がどのような音と対応しているのかといったマッピングのルールは,多くの漢字にふれることで習得していく。どの表記システムにふれるかによって,子どもたちは,文字が対応しているそれぞれの音の単位に対するメタ言語能力を発達させる。だから例えば,英語の表記システムにふれる子どもは,日本語の表記システムを習う子どもよりも,音素という単位への気づき (phonemic awareness) が早い (Mann 1986)。

　アルファベットの表記システムを使う言語でも,どの程度,音素と文字とが規則的に対応しているかは,それぞれの言語の正書法によって異なってくる。フィンランド語,イタリア語,韓国語などは,規則性が高いが,英語やフラン

ス語などは，文字と音素が必ずしも一対一対応ではなく，規則性があまり高くない。規則性があまり高くない正書法（deep orthography）を学ぶ子どもたちは，規則性の高い正書法（shallow orthography）を学ぶこともたちより，音と文字の関係性を習得するのに，より長い時間がかかる。アルファベットを使うヨーロッパ14カ国を対象としたある国際調査では，小学校1年生に頻度の高い語の解読能力を母語で試したところ，全体の平均正答率が87％だったのに対し，英語を母語とする児童の正答率は，わずか34％であった（Seymour, Aro, & Erskine 2003）。この正答率の違いはかなり大きいといわざるをえない。残念ながら，わたしたちが学ぼうとしている英語は，音と文字の対応関係に関しては，決して学び勝手のよい言語とはいえないのである。繰り返しになるが，英語での音素と文字の関係性は，基本的に英語にふれることによってしか習得することができない。

英語において，音素と文字との規則性があまり高くないために，英語を習得する子どもたちのなかには，音声言語を音素に分けたり，音素と文字とのマッピングがうまくできなかったりするために，読みにつまずくケースが多い。これは，英語を第二言語として学習している児童だけでなく，英語を母語として習得している児童のなかにもよく見られる問題である。マッピングがうまくできていないと，綴りにも問題が生じる。マクギネスの著書のなかで紹介されている小学校2年生のダニーも，このマッピングがうまくできていないために，下のような作文を書いてしまった（McGuinness 1997, p.4）。

The Submarine Rtct
Kpn John tol hz cru fl sdm a ked. Takr dun. The submarine sek to the osn flor. It was qit. Tha cud ker the df crjz fling ner bi. But tha yr saf.

本来ダニーが書こうとしていた作文は，以下のようになるべきところであった。

The Submarine Retreat
Captain John told his crew full steam ahead. Take her down. The submarine sank to the ocean floor. It was quiet. They could hear the depth charges falling near by. But

they were safe.

ダニーは，知能指数も高い英語の母語話者である（McGuinness 1997）。ダニーの作文を見て，驚いた読者もいたかもしれないが，これは決して特殊なケースではない。最近よく日本の教育現場でも聞かれるようになったフォニックスは，音と文字との関係性を指導するためのテクニックの一つである（フォニックスに関しては，第2章第1節の1を参照のこと）。

目から入ってきた視覚情報（文字情報）は，最終的には，心的語彙（mental lexicon）と呼ばれる記憶貯蔵庫に収められているたくさんの語彙情報から，該当するものを探し当てることにより，意味処理がされる。そこにいたるまでのプロセスとして，音韻処理（phonological processing）と，正書法処理（orthographical processing）が重要な役割を果たすという考え方がある。

英語の場合，今まで見てきたように，音素と文字の関係性があまり規則的でないために，音韻処理につまずく児童が多いことから，読みの諸研究でも，音韻処理の部分が大きくスポットライトを浴びる結果になっている。しかし，単語を認識するのに（つまり心的語彙に収められている語彙情報にアクセスするのに），どの正書法をもつ言語でも，音韻認識が英語と同じくらい重要かどうかは疑問である。形態素が文字対応の単位になっていた中国語の読みの場合，音韻認識が重要であることには違いないが，それ以上に，形態素認識（音声言語）のなかでの形態素の部分と文字符号との関係を理解すること（morphological awareness）のほうが，中国語の読解力を予測するより有力な要因となっているという報告もある（Li, Anderson, Nagy, Zhang 2002）。正書法の違いにより，異なるタイプのメタ認識能力が重要になっているというわけだ。

心的語彙の量とその質（語彙力）自体も，読解（comprehension）と強い相関関係をもつ。本来，相関関係は，必ずしも因果関係を意味しないはずなのに，語彙知識が豊富であると読解力が上がるといった解釈をされることが多いのは事実である。このような因果関係を前提としたうえで，どれくらいの語彙力があるとテキストを自力で読めるかといった「閾値」（threshold）を定める研究が多くなされてきた。このような研究では，学習者が指導者の手助けを借りずに

テクストを読むには，テクスト内の95％（Laufer 1992）から98％（Hu & Nation 2000）の語彙を知っている必要があるという報告がされている。かなりの高い率に，驚いた読者もいることだろう。90～95％以上の語彙を知っていないと，指導用としても適切ではないといわれている。たしかに，このような数字は，指導者が教材を選ぶときの目安として役立つだろう。

しかし，こうした「まず語彙ありき」的な考え方とは少し異なり，語彙知識と読解力は相互依存関係にあるとする考え方もある。語彙力の増強が読解力を高めるだけでなく，多読などを通じて，たくさん読みを行うことで，付随的な語彙学習が行われ，語彙力が高まるという考え方だ。ただ，いずれの立場をとるにしても，語彙が読みに果たす役割が非常に大きいことは疑いない。

5　母語と第二言語の関係

正書法の違いによって，プロセスに必要な知識やメタ認知能力に違いがあることを見てきたが，第二言語での読みにおいては，習熟している母語での読みの影響から逃れられないことが知られるようになってきた。日本語なら日本語という，一定の言語の読みにある程度熟達してしまうと，別の言語での読みを行う際に，自分の意志にかかわらず，熟達した母語の能力が自動的に活性化してしまうといわれている（Koda 2007）。従来の固定的な転移の考え方では，第二言語に熟達するにつれて，母語の影響はなくなるはずであったが，事実はそうではなく，母語からの転移は，変化しながら持続するようだ。非常に興味深いことに，fMRIを使った脳科学の研究（Tan, et al., 2003）では，中国語と英語を話すバイリンガルが中国語を読むときに活性化する脳の部位は，英語のモノリンガルが英語を読むときに活性化する場所とは違っていた。中国語・英語のバイリンガルは，英語を読むときにも，中国語を読むときとまったく同じ脳の部位が活性化していたのである。第二言語の読みは，常に母語の読みと二人三脚で行われているのであり，モノリンガルの読みのプロセスとは異なっているのである。

ここで気になるのは，母語と第二言語の正書法がどれだけ違うかによって，

第二言語の読みにどのような影響が及ぶのかということだろう。音韻認識に関しては，スペイン語と英語というように，アルファベットを使う言語間のケース（e.g., Durgunoğlu, Nagy, & Hancin-Bhatt 1993）でも，英語と中国語という異なった表記システムをもつ言語の組み合わせの場合（e.g., Bialystok, McBride-Chang, & Luk 2005）でも，両言語の間に高い相関関係が見つけられていることから，音韻認識は言語を問わず，普遍的に重要な能力だといえる。ただ，一部の研究結果では，音韻認識を調べるテストのなかに，それほど言語間の相関が高くないものもあることから，音韻認識能力の一部には，もしかしたら言語特有の能力もあるのかもしれない。このあたりの詳細は，まだよくわかっていない（Koda 2007）。

形態素認識に関しては，母語の表記システムによる影響はあるものの，その影響は，母語と第二言語で共通する部分に限られているという研究結果がいくつか報告されている。例えば，アルファベットを使うインドネシア語を母語とする英語学習者と，同じ英語の熟達度をもつ中国語を母語とする英語学習者（両グループとも成人学習者）の間で，英語の語の内部構造に対する敏感度（sensitivity）を試す実験を行ったところ，インドネシア語を読む学生が有利だったのは，内部構造が英語とインドネシア語でまったく同じだった語に限定されていたという（Muljani, Koda, Montes 1998）。形態素認識に関しては，まだ研究が少ないものの，今わかっている範囲では，母語の転移は母語と第二言語の共通部分に限定されている可能性が高そうだ。

心的語彙のアクセスにおいては，母語の表記システムの違いにより，異なった情報プロセスを行っているという報告がある。韓国語（ハングルはアルファベット表記だったことを思い出してほしい）と中国語を母語とする成人の英語学習者（英語の熟達度は同じレベル）の場合，韓国人のほうは，発音の同じ英語の単語を混同するケースが多かったのに対し，中国人のほうは，綴りの似ている単語を混同するケースが多かったという（Wang, Koda, & Perfetti 2003）。

同様に，ピン音（中国語の発音をアルファベットで表記するもの）を使って中国語を学んだ中国本土の学生と，ピン音を使わないで中国語を学んだ香港の学生

に，英単語の読みと綴りのテストを行ったところ，存在する英単語では，両グループの学生の間に違いはなかったが，擬似単語（英語の音韻規則には従っているが，実際には存在しない単語）のケースでは，香港の学生は中国本土の学生に比べ，発音の誤りや，綴りの間違いも多かったという (Holm & Dodd 1996)。存在する英単語の場合は，頻度が高ければ丸暗記も可能だが，擬似単語の場合は，英語の音韻システム，および文字と音とのマッピングの知識がしっかり身についていないと，正確に綴るのは難しくなってしまう。香港の学生は，アルファベットを使うピン音を介在せずに中国語の読みを習っていたことから，中国本土の学生に比べ，より視覚に頼る単語認識をしていたのかもしれない。同様のことは，アルファベットを使わない日本語の読みに熟達する日本人の学生にも，当てはまる可能性がある。

6　解読を超えて

　解読は，単語レベルまでのプロセスの話だが，すでにふれたように，文レベル以上のプロセスや，既成知識とテキスト情報の連結など（つまり，上記のテキスト情報構築，読み手モデル構築）の要素の言語間の転移の研究は，まだあまり進んでいない。

　統語に関しては，そもそも，言語間の表面上の統語ルールの違いにかかわらず，根底を流れる抽象的な統語知識 (Universal Grammar：UG) は生得で普遍的であるとする考えと，それを支持しない考えがある。普通の発達をとげている子どもたちの間では，母語での統語知識に個人差がないという前提に立てば，母語における統語知識と読みとの関係を探る研究がほとんどないのも不思議ではない。ただ，研究がされていないというのは，必ずしも，統語知識が読みに影響しないということにはならない。次の第3節で詳しくみていくが，アカデミックなテキストには，日常の会話ではあまり馴染みのない構文がしばしば登場する。そうした構文が理解できないために，読解に支障をきたしてしまうことは，母語話者の間にも多々みられる。

　母語における統語知識の生得性を支持する研究者の間でも，第二言語におい

ては,UGにアクセスできるのかどうかに関して,研究者の考えが分かれている。年齢にかかわらず,第二言語学習者でもUGに完全にアクセスできるという立場の者から,一部だけ（母語と第二言語が同じパラメーターをもつ場合に限る）とする者,第二言語ではUGにアクセスはできないという立場まで見解が分かれている（White 1996）。UGは存在するのか,存在するとしたら,UGは第二言語習得でもアクセス可能なのかといった,統語知識の習得プロセスの理論上の問題の是非はともかく,第二言語学習者の統語知識自体に大きな個人差があることは事実である。ナギら（Nagy, McClure, & Mir 1997）は,スペイン語を母語とする学齢期の英語学習者の間で,英語の統語知識が英語の読解に影響を与えていたことを報告している。

　読みを行うときに読み手がとるさまざまなストラテジーの一部には,母語と第二言語の読みの両方で見つけられているものがある。例えば,スペイン語を母語とする英語学習生徒の場合,英語の未知の単語の意味を推測するのに,英語とスペイン語のコグネイトの知識（ルーツが同じで,形式も意味も似ている語彙知識）を活用している（Nagy, Garcia, Durgunoğlu, & Hancin-Bhatt 1993）。コグネイトの知識のほかにも,コード・スウィチング（この場合はスペイン語と英語を併用しながら,文内の区切りを見いだす）,翻訳をするなどといったストラテジーの転移がみられるという（e.g., Jiménez, Garcia, & Pearson 1996）。ただし,上記のストラテジーはスペイン語と英語という,双方ともアルファベットを用い,語彙面でも統語面でもかなりの共通部分がある言語間の場合である。大きく異なった言語間で,どのようなストラテジーや知識が共有されているかについては,まだあまりよくわかっていない。言語間の転移というより,テクストのジャンルによる転移（つまり,同じジャンルのテクストだと,同じストラテジーが共有されやすい）のほうが,明確であるとの指摘もある（Garcia 1998）。

　ディスコース構造（文レベル以上の構造）や,長期記憶に蓄えられている知識形態（スキーマ）に関しても,同様のことが当てはまるかもしれない。つまり,言語間での転移以上に,ジャンルなどによる転移の影響力のほうが大きいのではないかということである。文と文との結びつきに関する知識は,母語話者の

間でも，大きな違いがみられるという (e.g., Garner, Alexander, Slater, Hare, Smith, & Reis 1986)。一方，科学論文や法律文書など，ある特定のジャンルのテクストでは，言語間を超えてある程度の構造上の共通性をもっており，特化した知識構造を前提として書かれているために，同じジャンルのテクストの間でのストラテジーの転移が容易になるのかもしれない。

　ここまで，言語間の転移の問題をみてきた。従来の考え方では，転移を固定的なものと捉え，母語から第二言語へ移るという一方向の扱いであった。しかし，最近では，転移を第二言語にふれることで常に変化するダイナミックなものだと捉え，双方向で互いに影響を与えるものだとする考えが主流になってきている。わたしたちは，日本語を読むことによって培ってきた読みに関する知識やスキルというフィルターを通しながら，英語の読みを行っているのである。そして，英語という表記システムも，語彙も，統語ルールも（少なくとも表面上は）大きく違う言語にふれることにより，わたしたちの日本語の読みの知識やスキルも変化しているのだ。母語と第二語のダイナミックな絡みあいが，ここから見てとれるだろう。

　解読のプロセスに関する研究からは，音韻認識や形態認識などのメタ認識や，ストラテジーの分野で，母語と第二言語による転移が起こっていることがわかった。ただ，その転移規模や起こる条件はさまざまである。すでにみてきたように，転移は母語と第二言語との共通部分に限定されているものもある。音韻意識ですら，すでにふれたように，一部は，個々の言語に特有な能力である可能性も指摘されている。ここからみえてくるのは，母語と第二言語間の転移の複雑性だ。「○○スキルは，母語で身についたら，第二言語に転移することができる」などと，いちがいにいいきれるような単純な構図ではない。

　いずれにせよ，言語間の転移に関する研究は，まだ始まったばかりで，わかっていないことが多い。一番研究の進んでいる解読のレベルでも，第二言語の熟達度が高まるにつれて，転移がどのように変質していくのかなどについては，まだほとんどわかっていない。テクストレベルでは，言語間の転移だけでなく，ジャンル別の転移に関する研究も今後ますます必要になってくるだろう。

次のセクションでは，まさにこのジャンルの問題にふれる。母語教育では，リテラシーの認識から再生への橋渡しが重要だったわけだが，第二言語（とくに外国語）の場合は，母語ですでに培われているリテラシーの認識・再生能力と二人三脚を組みながら，第二言語でリテラシーの認識から始め，再生，投影ができるようになるまで，効率的にスピーディーに指導していかなくてはならない。リテラシーの再生とは，学校など，社会文化機関内で慣習化されたルールにのっとり，テクストを理解し，産出する力であり，リテラシーの投影は，さまざまな視点・立場を理解しながら，テクストの理解・産出ができることであった。そこで，第3節では，この学校で生徒がふれるテクスト，つまりglobal literate English の習得に重要だと提案されている，言語的・認知的負担が大きく，日常生活では学びにくいアカデミックなテクストを取り上げ，どのような慣習化されたルールがあるのかをみていく。

第3節　アカデミックなテクスト

1　リテラシーの認識から再生へ

　書き言葉のテクストといっても，携帯電話のテクスト・メッセージのように，非常に日常の口語に近いものから，学術書などのように，情報量が密につまり，複雑な構文をもったものまでさまざまな種類がある。次の二つのテクストを比べてみよう。

テクスト(1)

---

9 June

Dear Daddy-Long-Legs;

Happy day! I've just finished my last examination-
And now:
Three months on a farm!
I don't know what kind of a thing a farm is. I've never been on one in my life, but

> I know I'm going to love being *free*.
> I am not used even to being outside the John Grier Home. Whenever I think of it, I get excited, and feel I have to run away to make sure Mrs. Lippett isn't catching hold of me again.
>
> Yours ever,
Judy

　これは，手紙である。ウェブスター著『あしながおじさん』からとったものだ（Webster 1976, p.25）。まるで，話をしているかのように，テクストが書かれていることがわかる。"And now: Three months on a farm!"など，感嘆符つきの短い句の羅列があったり，"catching hold of me"などの口語表現があったり，一人称代名詞"I"も何度も使われている。このようなテクストは，英語圏で暮らしていれば，日常生活でよくふれるものであろう。

　最近のオンライン上のチャットやテクスト・メッセージでは，綴りを短縮化したり，さまざまな記号を駆使したりするなど，簡略化された独特な言語使用が見られる。例えば，"I have a question for you"は"?4U"になったり，"Thank you"は"10Q"と表記されたりする。"Are you serious?"は"AYS"で，"Call me back"は"CMB"だ。徹底した簡略化が効率的でもあり，創造的でもある。ただし，こうしたテクストは，往々にして単語やフレーズ，せいぜい短い文レベルでのやり取りが多く，統語的にも限定されたものが多数を占める。

　一方，若者たちが高校や大学で受けている授業の教科書のテクストには（たとえオンライン化されたテクストであっても），次のテクスト(2)のようなタイプの文章が並んでいることだろう。

テクスト(2)

> Corneal Disease and Injury
>
> The **cornea**, which is responsible for about 70 percent of the eye's focusing power (Lerman, 1966), is the window to vision, because light first passes through this

> structure on its way to the retina. In order for a sharp image to be formed on the retina the cornea must be transparent, but this transparency is occasionally lost when injury, infection or allergic reactions cause the formation of scar tissue on the cornea.

　テクスト(2) (Goldstein 1989, p.360) を見て，まず「ああ，文字だらけ！」と思った読者もいたかもしれない。しかし，文字数だけを比較すると，テクスト(1)は88文字，テクスト(2)は76文字で，実はテクスト(2)のほうが少ない。それでも，テクスト(2)のほうが，密度が高いような印象を受けるのは，字の配置もさることながら，テクスト(2)のほうが，情報量が圧倒的に多いからである。
　一般に，教科書などのアカデミックなテクストは，一文に多くの情報が詰まっているという特徴がまず挙げられる。テクスト(2)は，全体でたった二文しかない。当然，一つひとつの文が物理的に長くなっている。文中に述部が一つしかない文を単文，複数の述部からなる文を複文というが，テクスト(2)では，二つの文ともに，関係詞や従属節をともなった，複文のかたちをとっている。情報量の多さに比例して，構文も複雑になっている。さらに，日常ではあまり使われない，その分野に特化した専門語などの使用頻度が高い。テクスト(2)では，corneaは角膜，retinaは網膜である。こうした専門用語に慣れていないと，アカデミックなテクストは読みにくいだろう。

2　アカデミックなテクストにおける語彙の特徴

　上で，専門語について，ちょっとふれたが，アカデミックなテクストで難しいのは，実は専門語だけではない。教科に特化した専門語は，アカデミックなテクストでは，往々にしてどこかで説明がされていたりすることが多い。例えば，テクスト(2)の例でいうなら，corneaは，太字で記されていることからもわかるように，おそらくこのテクストでは初めてでてきた専門用語であり，一文目で，このcorneaの説明がなされている。また，専門語に関しては，その概念自体を読者が母語で身につけている場合は，そのまま転移がしやすい。専門語は，定義が厳密に規定されており，言語間の意味上もぶれがほとんどない

からだ。

　ところが，アカデミックなテクストで，高い頻度で登場しながら，一定の教科に特化した専門語ではない語のグループがある。こうした語は，しばしば学習語などと呼ばれる。何をもって学習語と規定するのかは，実は複雑だが，基本的にアカデミックなテクストで（教科や分野にまたがって）多用され，専門語でもなく，日常語でもないが，アカデミックな内容を説明するときにしばしば登場する語であると定義できる（バトラー 2010, 2011）。したがって，学習語は，アカデミックなテクストの理解を大きく左右する重要な語彙なのであるが，専門語のようにテクスト内で，いちいち定義や説明がされていないことが多い。したがって，学習しにくい語彙であるともいえる。その一方で，学習語をしっかり押さえておけば，読めるアカデミックなテクストの範囲がぐっと広がると考えられる。

　英語の学習語のリストで，おそらく一番よく知られているものは，コックスヘッド（Coxhead 2000）のリスト（New Academic Word List, NAWL）であろう。これは，コーパスをもとに作成された，570語家族からなるリストである。語家族とは，語幹と節辞からなる一連の語グループのことで，例えば，indicateなら，このグループのなかには，indicated, indicates, indicating, indication, indicative, Indicator, Indicators などがすべて含まれる（Coxhead 2000, p.218）。NAML は，基本的には，大学生レベルを対象としたものであるが，アメリカでは，中等教育でもよく使われている。筆者の推測にすぎないが，このリストが英語圏で比較的よく使われているのは，このリストが570語家族という，比較的少ない語数からできているからであろう。つまり，その気になれば，教室でも指導が可能な数であるということができる。このなかには，analyze, approach, assess, consist, contract, define, estimate, indicate, respond など，アカデミックな思考手続きに関するような語から，concept, context, process, source, structure, theory など，抽象的な概念などを示すことばなどが含まれている。このリストは，ウェブからも簡単にダウンロードできるので，ぜひ，一度チェックしてみていただきたい[5]。

そのほか，日常語としても使われながら，アカデミックなテキストでは特殊な意味をもって使われる語もたくさんある。例えば，table は日常生活では，家具の一種をさすわけだが，算数・数学や理科で使用される場合は，表のことである。こうした教科に特化した意味をきちんと理解していないと，読解に支障をきたすことになりかねない。

3　アカデミック・テキストにおける文法構造上の特徴

このようにアカデミックで使われるテキストは，テキスト(1)のような，日常的に，個人的なメッセージの伝達に使うタイプのテキストとは，大きくその様相が異なっていることがわかった。しかし，ひと口にアカデミックな場面で使われるテキストといっても，教科による違いや，同じ教科内でも，目的や伝達手段に応じて特徴が異なる。例えば，同じ理科の教科書でも，実験の手順を記した部分と，分析の結果や考察の部分とでは，異なった特徴をもつのである。このように，状況のコンテクスト（つまり，どんな内容を，誰を対象に，どのような様式で伝達するか）(6) によりテキストは異なったものになる。このコンテクストによる言語使用のバリエーションをレジスター（register）と呼ぶ（Halliday 1994）。

コンテクストに応じて，構文やディスコースの構造が違うのは，ハリデーらに代表される選択体系機能言語学（Systematic Functional Linguistics, SFL）の立場にたてば，それぞれの分野に特徴的な意味の構築の仕方があって，それが文法などの構造に反映されているからだということになる（Halliday 1994；Schleppegrell 2004）。学習コンテクストには，例えば，知識・情報のまとめ方や提示の仕方，議論の進め方，評価の仕方，客観性の保ち方など，それぞれ特有の意味の構築の仕方があり，その違いに応じて，言語使用のあり方がことなってくる。つまり，文法は意味構築のあり方を映し出している鏡のようなものだと考えればよい。

それぞれの教科には，慣習的な意味構築のあり方があり，たとえ，それが言語にかかわらず，ある程度普遍的な要素を濃くとどめていたとしても，その意

味構造を言語的に具体化する方法（つまり，語彙や文法構造など）は，言語によって変わってくる。したがって，当該言語で一つひとつ身につけていくしかない。以下では，英語の理科・科学アカデミック・テクスト（教科書やなどその分野のトピックを扱った書きことばテクスト）を例に，科学の基本的な意味構築のあり方と，その反映である言語的特徴をみていくことにする。

　理科・科学の学習の基本は，「自然現象を予想したり制御したりする調査を通して，世界を新しい方法で考えること」（Schleppegrell 2004, p.114）であるといえるだろう。したがって，理科・科学では，実験・観察の手順を正確に理解したり，データを集め，分類したり，比較したりしながら分析を行う，定義する，現象を説明する，考察を行う，演繹的な議論を展開するなどといった認知行為が求められる。このような認知行為を行うための言語使用は，専門性，抽象性，客観性，論理一貫性，情報組織性（いかに情報を効率よく組織するか）といった特徴をもつことになる。

　理科・科学の専門性は，まず専門語の多用に表れている。とくに，抽象度の高い名詞が多く使われる傾向にある。抽象度の高い名詞の頻度が高いのは，名詞化（nominalization）という構造が好まれて使われるからである。また，名詞化は，通常，前に文や節のかたちで説明されていたものを名詞で言い換えることにより，思考の流れをスムーズに展開するという機能がある（Unsworth 1999）。先に紹介したテクスト(2)をもう一度ここに引用しよう。この例では，二つ目の文の"this transparency"の部分が名詞化にあたる。

> In order for a sharp image to be formed on the retina the cornea must be transparent but *this transparency* is occasionally lost when injury, infection or allergic reactions cause the formation of scar tissue on the cornea.

　名詞化を行うことで，前に出てきた"the cornea must be transparent"の部分を効率よくまとめ，次の命題につなげていることがわかる。普通の会話なら，thisだけで受けてしまいそうなところだが，科学のテクストでは，"this transparency"と名詞を提示することで，受けている内容を厳密に指定し，あいまいさを残さないような表現をしている。

客観性の高さを示す一例としては，受身表現の多用が挙げられる。受身表現では，主体をあえて明記しないことにより，書き手から心理的距離をおくことで，客観性を高めるという効果がある。客観性は，科学的考察の根幹であるともいえる，非常に大切な要素である。テクスト(2)の二つめの文では，接続詞 but 以下の "[t]his transparency is occasionally lost when injury, infection or allergic reactions cause the formation of scar tissue on the cornea" の部分で，受身が使われ，lost の主体が回避されている。このような受身表現を行うと，書き手ではなく，何か「権威」のようなものによって，メッセージが伝達されているような印象を受ける。コーパスをもとにした研究によると，科学・工学の分野で，とくに受身の頻度が高いことが知られている（Biber 2006）。

しかし，さらに詳しく調べてみると，同じ理科・科学の論文でも，セクションによって，受身表現の使われ方が違うことが知られている。受身表現は，実験や観察の手順を説明する「方法（method）」の部分や，データ処理の結果を報告する「結果（results）」の部分に多いという。一方，導入部分や考察の部分には，受身表現の頻度は減ってくる。これは，方法や結果のセクションでは，より高い客観性が求められているからだと解釈することができる（Riley 1991）。このように，同じ理科・科学のテクストでも，目的に応じて，レジスターが違うことがわかる。

論理の一貫性も，理科・科学の意味構築の重要な柱である。会話では，出来事を順に話していくのに，and や and then などといった接続表現を使うことが多いが，科学のテクストでは，論理の流れを明確にするために，条件・仮定や，理由を表す従属節などを含む複文が多い。情報量を落とさずに効率よく一文に情報を盛り込むために，文の内部構造が複雑になる傾向がある。これは，テクスト(2)でも明らかだろう。

> The **cornea**, which is responsible for about 70 percent of the eye's focusing power (Lerman 1966), is the window to vision, because light first passes through this structure on its way to the retina.

これは，テクスト(2)の一つ目の文だが，"The cornea is the window to vision" の途中に，which 節が挿入されているかたちになっている。さらに，because という理由を表す従属節がくっついている。このような，入れ子的な構造や，複雑な従属構造は，科学のテクストでは珍しくない。

　ただ，こうした文は，情報伝達の効率性はよいのだが，読み手にとっては，構文が複雑になればなるほど認知負荷が大きくなるため，熟達度の低い学習者には読解が難しくなる。Since は，理由を表す以外に，「〜以来」といった時間を表すことにも使われるため，解釈に混乱をきたすことも少なくない。While も同様である。例えば，テクスト(3)のような例の場合だ。

テクスト(3)

> The virus that causes cold sores in humans is an example of a hidden virus. While hidden, the virus causes no symptoms（Fang 2006, p.496）.

　ここでの while は，「〜の時（＝when）」とも解釈できるし，「〜した場合（＝if）」とも解釈できる。学習者にとって頭の痛いことに，since や while は，コーパス研究によると，教科書では if や because より頻度が高いことがわかっており（Biber, 2006），注意が必要である。

　情報を一つの文に効率よく詰めるための手段として，英語では，前置詞で始まる前置詞句が非常に多く使われている。多くは，of をつかった句（of-phrase）であるが，ほかの前置詞も使われる。そのため，修飾節が続く，複雑な名詞句ができてしまうことが少なくない。例えば，以下のような具合だ。

テクスト(4)

> This may indeed be part [of the reason [for the statistical link [between schizophrenia and membership [in the lower socioeconomic classes]]]]（Biber 2006, p.76）.

　さらに複雑なのは，効率性を追求するあまり，不必要なものはどんどん省略される傾向がある点だ。That 節の that などは，しばしば，省略の対象となる。

テクスト(5a)

When the air reaches a high enough altitude in the atmosphere, the water vapor it contains cools and condenses as rain（Fang 2006, p.497）

上の文では，どこに省略があったのだろうか。そう，vapor と it の間に that が省略されているのである。今度は that を入れて読んでみよう。

テクスト(5b)

When the air reaches a high enough altitude in the atmosphere, the water vapor that it contains cools and condenses as rain（Fang 2006, p.497）

今度は，ぐっと読みやすくなっただろう。この that が抜けていることで，学習者のなかには，"the water vapor it contains cools and condenses as rain" に三つの動詞が含まれていると誤解する者も少なくないという（Fang 2006）。

以上，理科・科学のテクストを例に，このジャンルで，どのような意味構築のあり方が重視されていて，その結果が，言語使用にどのように反映されているのかを簡単にみてきた。理科・科学では，専門性，抽象性，客観性，論理一貫性，情報組織性が重視され，こうした要素を追求した言語使用が見られた。ただ，このような言語使用は，慣れていない学習者には，とりつきにくかったり，解釈を誤るもとになったりする。もちろん，ここで紹介したものは，理科・科学テクストのプロトタイプのようなもので，目的や対象者が違えば，レジスターはかわってくる。ただ，このような言語的・認知的負担の大きいタイプのテクストの基本的な意味構造のあり方を理解し，その言語使用に慣れておくことは，global literate English 習得への重要なステップだといえるだろう。

4　リテラシーの再生から投影へ

すでに何度もふれたように，リテラシーの最終目的は「投影」，つまりさまざまな立場・視点からテクストを理解することができるようになることである。

第1章 グローバル社会における英語のリテラシー　49

批判的リテラシーを支持する立場にたてば，テクストを批判的に読み，そこに隠されている前提や考え方に対し，自分なりの考えをもてるまでになることが最終目標となる。では，リテラシーの再生から投影への橋渡しの一つとして，テクストを読んでいく際に，どのような点に気をつけていったらよいのだろうか。書き手の視点はどのようなところから，読み取れるのだろうか。

　例えば，書き手の立場，視点を理解する窓になる表現の一つが，モダリティー表現である。モダリティーとは，書き手の主観を表す文法カテゴリーで，日本語では「～だろう」と予想・推量を表したり，「～はずだ」と確信を表したり，「～かもしれない」と可能性を表したりする表現である。

テクスト(6)

① It is obvious that there factors affected the result.
② These factors may have affected the result.

　上記のうち，①では，「これらの要因が結果に影響を与えたのは，疑いのない事実である」という確信が感じられるのに対し，②では，「これらの要因が結果に影響を与えたのかもしれない」という書き手の主観が読み取れる。こういう表現から，書き手の立場をうかがい知ることができる。

　社会科学では，書き手の解釈や価値判断が，テクストのなかに示されることが多い。上に挙げたモダリティー表現に加え，動詞の使いかたからも，書き手の視点・見解を読み取ることができる。ある種類の動詞は，一定の前提（presupposition）を含蓄するため，その前提を把握することで，書き手の立場を理解できる。例えば，テクスト(7)を見ていただきたい（Riley & Parker 1988, p.335）。

テクスト(7)

① Smith shows that X is the case.
② Smith claims that X is the case.

両者の違いはアンダーラインを引いた動詞の違いだが，書き手のスミス氏の考えに対する立場は，必ずしも同じではない。①では，スミス氏が示している"X is the case"が事実であることが前提となっているが，②では必ずしもそうとは限らない。つまり，①では，書き手はスミス氏の主張を受け入れていることになるが，②では，"X is the case"が事実であるという前提に立っていないのである。むしろ，スミス氏の考えに異議を唱えている可能性が高い。前者の show のような動詞は factive verbs，一方，後者のような動詞は，non-factive verbs といわれる。Factive verbs は，述部の命題が真であることを前提とするが，non-factive verbs は，必ずしもその限りではない。こうした動詞表現からも，書き手の立場を読み取ることができる。

　アカデミックなテクストでは，論理一貫性が大切なことは，何度も言及してきたが，論理の並べ方にも，書き手の意図をうかがい知ることができるケースがある。テクスト(8)と(9)を比べていただきたい（Unsworth, 2006, p.589）。

テクスト(8)

> Coal is formed from the remains of plant material buried for millions of years. First plant material turns into peat. Next the peat turns into brown coal. Finally the brown coal turns into black coal.

テクスト(9)

> Coal cannot be relied upon as an energy source for the future. First the burning of coal is highly polluting. Next the world's supplies are finite. Finally the extraction of coal is becoming more and more expensive.

　一見，テクスト(8)も(9)も，まったく同じように，客観的に事実を羅列しているようにみえる。実際，first, next, finally という同じ語が使われ，文と文を結ぶ役割を果たしている。しかし，テクスト(8)が，黒石炭（black coal）が形成される過程を，時系列的に並べているのに対し，テクスト(9)では，同じ，first, next, finally という語を使いながらも，そこに，書き手の意図が読み取れる。すなわち，いくつかある理由のなかで，第一に，次に，最後にという順番をつ

け，筆者が一番大切だと考える理由から順に提示しているのである。前者の論理関係をウンズウォースは，外部的論理関係（external logical relations），後者のケースを内部的またはレトリック的な論理関係（internal or rhetorical organization）と呼んでいる（Unsworth 2006, p.589）。

このように，普段わたしたちが何気なく読みすごしてしまっているような言語使用からも，書き手の視点・見解をうかがい知ることができる。ここで紹介したのは，そのような言語表現のほんの一部にすぎないが，このような言語使用に敏感になる習慣をつけておくことで，テクストをさまざまな立場にたって解釈する力や，自分の意見をもてるような力を少しずつ養っていくことができるだろう。もちろん，日本語では日本語における，意味構築を反映した言語使用や表現がある。国語の授業や他の教科の授業でテクストを読む際にも，そうした言語使用に敏感になることで，相乗的にリテラシーの力（投影まで含めた力）を伸ばしていけると理想的である。

最後の第4節では，英語でリテラシーの投影の力（global literate English といってもよいだろう）を養成するための一つの指導アプローチとしてのコンテント・ベースの指導法について考えていきたい。

第4節　コンテント・ベース（内容ベース）の指導法（Content-based instruction）

Global literate English の養成には，やはり，英語を授業のなかだけで，語学の教科として学ぶのでは限界がある。コンテントのなかで指導することで，多様な視点や立場を理解し，批判的な目をもったリテラシーの養成が可能になると考えられる。教科科目の内容と言語の両方の習得をめざした指導法を，コンテント・ベースの指導法（Brinton, Snow, & Wesche 2003）という。日本でも，大学レベルなどを中心に，今後増えていく指導法だと予想できる。ここでは，global literate English の習得を目標としたときの指導アプローチの一つとして，CBI を紹介する。

1 コンテント・ベースの指導法のタイプ

　コンテント・ベースの指導法（CBI）には，いろいろなタイプがある。言語の習得に主に焦点をあてたものから，教科内容の習得を主たる目標としているプログラムまで，目標に応じて，幅広いタイプの指導法を含む。言語の習得を中心にしながら，言語材用の導入にテーマのようなものを設けるテーマ・ベースの指導法は，日本でもお馴染みであろう。テーマ・ベースの指導法の広い意味で，CBIの一つと考えられる。

　アメリカでは，英語を第二言語として学習する児童・生徒たち（英語学習者と呼ばれることが多い）のニーズを満たすための指導法の一つとして，CBIは注目を浴びてきた。英語学習者は，英語だけを勉強しているわけにはいかず，教科の内容も一緒に学習していく必要がある。そのため，Cognitive Academic Language Learning Approach（CALLA）（Chamot & O'Malley 1994）をはじめ，英語力をつけながら，さまざまな学習ストラテジーも身につけられるような指導が行われてきた。

　第二言語としての英語（English as a Second Language：ESL）のなかでテーマ・ベースの指導法などが導入されるときは，ESLの教師が中心に指導するケースが多い。一方，保護型モデル（sheltered model）と呼ばれるタイプのものは，英語学習者向けに特別につくられた教科のクラスで，教科や担任の教師が担当

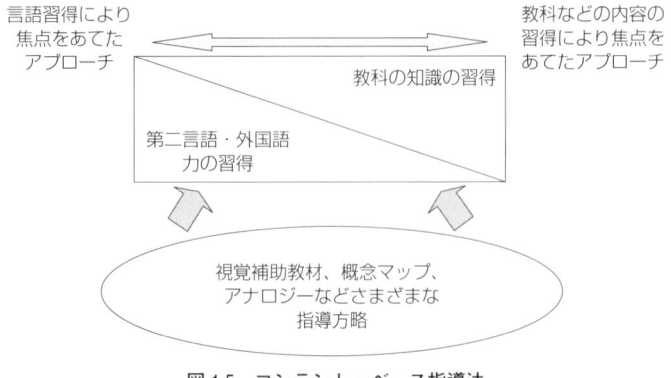

図1.5　コンテント・ベース指導法

することが多い。Sheltered Instruction Observation Protocol（SIOP）は，保護型モデルで指導を行う教師のためのチェックリストであり，幅広く使われている（Echevarria, Vogt, & Short 2004）。また，英語学習者向けのクラスが，教科のクラスに付随しており，教科のクラスでの内容をバックアップしてあげるようなタイプのもの（付随型モデル，adjunct model）もある。付随型は，教科・担任教師と ESL 教師が共同して指導に当たる。

　バイリンガルのプログラムでも，CBI が導入されている。二つの言語を学びながら，教科の内容のすべて，または一部もバイリンガルで学習する。バイリンガルのプログラムでは，一般にバイリンガルで指導のできる教師が指導にあたることになるが，形態はプログラムによってさまざまである。現地校で，母語の力が弱くなってしまった児童・生徒への継承言語の指導にも CBI は導入されていることが多い。

　大学レベルでは，学習のための英語（English for academic purposes：EAP）や，ビジネス英語・医学英語など，特別な目的のための英語（English for specific purposes：ESP）のなかで，CBI が取り入れられている。大学レベルでも，付随型のモデルが導入されているところがあり，カリフォルニア大学ロス・アンジェルス校（UCLA）の学部 1 年生夏季プログラム（Summer Freshman Program, FSP）は非常に画期的な試みだとして注目を浴びた（Snow & Brinton 1988）。

　アメリカに限らず，近年，CBI は外国語学習のなかでも注目を浴びるようになっている（Stoller 2004）。すでにふれたように，非英語圏の大学でも，一般教養や専門科目の一部を英語で行うところが急速な勢いで増えている。日本でも，英語での授業を導入する大学がいくつもでてきた。しかし，CBI は大学レベルの専売特許ではない。初等・中等教育のレベルでも，外国語としての英語のプログラムのなかで，CBI を導入するところが増えてきている。例えば，韓国のプサン市などでは，小学校で算数や理科など，一部の教科を英語で教える試みがすでに始まっており，カリキュラム・教材も整備されている。

2　CBI の効果を左右する要因

　このようにいろいろな学習者を対象にしたプログラムで CBI は注目を浴びているが，CBI の導入で効果を上げるには，かなり綿密な準備と，多くの教員やスタッフの協力が必要となる。バトラー（Butler 2005）は，外国語としての英語教育環境のなかで CBI を導入する際の注意点をいくつか指摘している。

　第一に，CBI がプログラムの目標，学習者のニーズや，学習環境に適応しているかという点である。CBI の導入の前には，ニーズ分析が不可欠である。非英語圏での初等・中等教育のレベルでは，そもそもなぜ教科を英語で導入しなくてはならないのか，明確でないケースも少なくない。教科内容を英語で導入すれば，英語のインプットが増えてよさそうな気がするが，どんなにすばらしいやり方で教科内容を導入しても，それだけでは言語習得にはつながらないことがわかっている（Davison & Williams 2001）。教科内容に重心がおかれたクラスでは，教師はどうしても教科内容の指導に注意が向いてしまい，言語習得のほうがおろそかになってしまいがちだからである（Short 2002）。ストライカーとリーバーでは，CBI クラスを受けている大学生が，CBI クラスのなかでも，文法などの言語指導を明確に取り入れてほしいと思っていることが報告されている（Stryker & Leaver 1997）。言語指導の要素をどの程度，そしてどのように指導するかに対する十分な検討が不可欠である。内容も一貫したものにしながら，言語的にも習得がしやすいように，同じ表現や語彙が繰り返しでてくるような，計画的なカリキュラムや教材を作成するのは，かなり至難の業であるといえる。

　第二は，CBI を指導する教師へは，十分な研修が不可欠であるという点である。すでに見てきたように，プログラムにより，CBI は語学の教師が行ったり，教科・担任教師が行ったりしている。いずれの教師が担当するにしても，少なくとも，以下のような資質が必要であると考えられている。一つは，十分な英語力である。ここには，教科の内容を英語で指導できるだけでなく，教室運営も英語でできる能力を含む。つぎに，教科内容に関する十分な知識である。さらに，教科内容を，英語力が多少不十分な生徒にも教えることができる指導ス

キルである。ちなみにカリフォルニア州では，英語学習者へ教科内容を教えるための特別な指導法（これをカリフォルニア州では，Specially Designed Academic Instruction in English, SDAIEと呼ぶ）を，研修などを通じて習得することが，事実上，ほぼすべての教科担当の教師に課せられている（バトラー 2003）。最後に，学生の英語力に対する知識である。教科・担任の教師は，これを把握しておかなくてはいけない。当然のことながら，語学教師と，教科・担任の密な協力体制が不可欠であることはいうまでもない。

第三は，学習者の学習の進捗状況のモニタリングの必要性である。学習者の年齢，興味・関心，英語の熟達度などに応じて，CBIのプランニングも当然変わってくる。学習者の英語熟達度レベルが低いと，CBIでストレスを感じる学生が多いという報告もある（Klee & Tedick 1997）。しかし，CBIが，必ずしも初級の学習者や熟達度の低い学生には向かないというわけではない。ただ，学習者の英語の熟達度や，認知発達レベル，学習スタイルが，CBIのカリキュラムや指導方法と一致していないと，学習者がCBIから得るものは少なくなってしまうということのようだ（Stryker & Leaver 1997）。そうした事態を避けるためにも，学習者が，CBIのプログラムで，教科内容の理解と英語の習得の双方で，どれだけ学習が進んでいるかをチェックできる評価体制が大切となる。学習者がCBIのプログラムでつまずきを見せているとき，その問題の所在が，英語にあるのか，教科内容の理解にあるのか（またはその両方にあるのか）を把握できるように，非言語的な部分を統制して，言語的な部分の問題を組織的に把握できるようなアセスメントを用意しなくてはならない。学習者の熟達度によっては，母語も効果的に使用していくなど，柔軟な姿勢が必要である。

最後に，CBIを行うにあたっては，さまざまな人的・物的なリソースを確保することが大切であるという点である。十分なリソースが整わないうちに，とりあえずCBIをはじめてしまうケースが少なくない。CBIが成功しているケースをみると，教科・担任と語学教師が密な協力体制をとっているだけでなく，ほかのスタッフとの協力体制も十分とれていることがわかる。教材の開発にも，多くの準備が必要であり，往々にして，それぞれの国なり学校の，カリキュラ

ムにあった独自の教材をつくる必要があるケースが多い。最近では，テクノロジーを駆使して，新しいメディアを媒介とした教材や指導法，タスクの導入なども検討されるべきである。

3　UCLAの学部1年生夏季プログラム（FSP）

このようにCBIは，むやみに導入すればよいというものではない。しかし，明確な目的と周到な準備のもとに進めることで，非常に効果的な指導法になりうるものである。そこで，本章では，CBIが効果をあげているケースとして，先にもふれたUCLAの学部1年生夏季プログラム（FSP）を紹介する（Snow & Brinton 1988）。このプログラムは，1977年から始められたもので，当時，その革新さと効果面で，教育関係者の注目を浴びた。FSPは英語圏であるアメリカのプログラムであり，その主な対象者は英語学習者（英語を母語としない学生）ではあるが，FSPの基本的な考え方を理解し，それに修正を加えることで，global literate Englishを身につけたいと考えるわたしたち日本の大学生にも，応用が十分可能な，有力なモデルの一つになるだろうと考えられる（以下の説明は，主に，Brinton, Snow, & Wesche 2003，およびSnow & Brinton 1988に基づく）。

FSPの背景には，英語学習者の急増があった。大学での授業をこなすのに，十分な英語力と学習スキルの習得が不十分だと考えられる学生のニーズに答えるべく，FSPは導入された。

FSPは，先に紹介したCBIのタイプのなかで，付随型モデルに相当する。英語学習者は，心理学，政治学，歴史学，地理学といった1年生向けの一般教養科目（教科科目）と，それに付随した英語のクラスをセットで履修することになる。英語の習熟レベルによって，別々の英語のクラスをとることになる[7]。教科科目は，それぞれの科目を専門とする教員が教え，その科目に付随する英語のクラスは，語学担当の教員が指導することになる。UCLAのFSPプログラムでは，教科科目の授業を週に8時間程度履修し，それに付随する英語のクラスを週に12時間から14時間履修するようになっていたという（ここでは絶対的な時間数よりも，教科科目と英語のクラスの時間比に注意していただきたい。英語

第1章　グローバル社会における英語のリテラシー　57

図1.6　付随プログラム・プラン

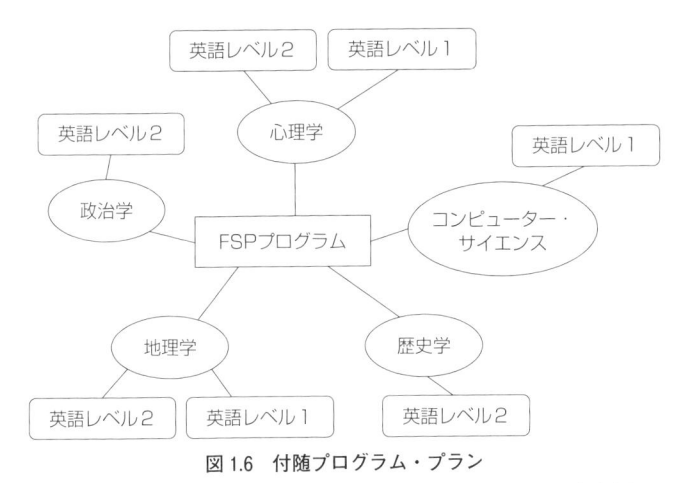

出所：UCLAのFSPプログラムの基本的な考え方（Snow & Brinton 1988, p.558）をもとに，修正・簡略化したもの

のほうが少し多くなっている）。

　教科科目に付随した英語のクラスでは，教科科目で学習する内容と同じものを取り上げる。基本的に，教科科目で使う教科書や，副教材，そのほかの教材を使う。本章の第3節で科学のテクストの言語的特徴を挙げたが，それぞれの教科に応じて，このような言語的特徴を押さえたり，特殊な意味合いで使われる語彙の整理を行ったりするのも，この英語のクラスで行う。レポートの提出が，教科のクラスで求められている場合は，その分野にふさわしいレポートの書き方も付随の英語のクラスで指導される。口頭発表が課せられた際も同様である。どのような口頭発表が適切なのかを英語のクラスのなかで，教科の内容に即したかたちで学習していくのである。ノートの取り方，要点のまとめ方，ウェブから効率よく必要な情報を収集する方法，教材のスキミング（さっと読んで，要点を把握すること），速読といった，さまざまな学習スキルも，英語のクラスのなかで学習する。

　英語のクラスには，教科科目とは独立のシラバスがきちんと作成されており，英語のクラスのなかで習得するべき言語要素が，明確に記述されている。例え

ば，英語のクラスのなかでのライティングの指導は，教科科目での授業のノートや，教科書などをもとに，最初は，文レベルで専門用語や新しく学んだ概念の定義を書くところから始まり，徐々に，パラグラフ，レポートへと段階を経ながら進めていく。このようなライティングの評価は，単に教科内容面だけにとどまらず，どれだけ適切な語彙や表現が使われていたか，それぞれの分野の慣習にそった言語使用がなされていたかという観点から行われるという。

　当然のことながら，このようなモデルの実行には，教科担当の教員と英語担当の教員の間で，カリキュラム開発の段階から，指導中，そして最後の評価にいたるまで，綿密なコミュニケーションと協力が必要である。UCLAのFSPプログラムでは，教科担当の教員と英語担当の教員は，毎週ミーティングを行い，学生の教科内容の理解，および言語面での習得状況を確認しあったり，必要があれば，教員以外によるチュートリアルなどのサービスが受けられるようにしたりしていたという。アメリカでは，大学院生および教員以外の専門家によるさまざまなサービスが提供されることが多く，FSPもこのようなサービスプログラムとの連携を密にはかっていたのである。

4　付随モデルの日本での応用の可能性

　ここまでUCLAのFSPプログラムの紹介を行ってきた。筆者は，このFSPモデルを理想化するつもりはない（付随英語クラスを用意できる教科科目の数が限定されてしまうなどといった，FSPプログラムの限界については，Snow & Brinton(1988)を参照していただきたい）。そもそも，FSPプログラムは，英語圏に在住の英語学習者が，英語で行われる大学教育をスムーズに行っていくための指導モデルである。しかし，このような付随モデルは，アメリカ国内だけでなく，中国など英語を外国語として学んでいる環境でも，導入されるようになってきており，global literate Englishの習得をめざすのなら，検討に値するのではないかと考える。ニーズ分析[8]をしっかり行ったうえで，FSPプログラムを，日本の実情に合わせて，修正することにより，付随モデルは，リテラシーの養成のための，指導モデルの一つの選択肢になると思われる。

日本の現行の学校英語教育では，大学レベルにいたるまで，英語科としての授業と教科の授業が連携するということがほとんどなかったといえる。しかし，言語使用は，本来，コンテクストから切り離して考えることはできず，英語を英語としてのみ「学習」していては，グローバルな社会におけるリテラシー養成につながらないだろう。テクストを批判的に読む態度が，仮に日本語では養成することのできた学生でも，それぞれの分野のなかで必要な，英語での語彙や表現，意味構築の仕方が習得されていなければ，「考えはあるのだけれど，伝えられない」ということになってしまう。

　その一方で，以前にもふれたように，教科科目（一般教養および専門科目）の一部を，英語で指導する日本の大学も増えてきた。ただ，こうした大学でも，語学科目としての英語は，独立して行われることが普通である。しかし，単に英語で教科内容を導入するというだけでは，CBI 研究が繰り返し指摘しているように，教科内容の理解も不十分，英語自体の習得にもあまり効果がないという結果に終わりかねない。アカデミックな英語使用のあり方に慣れていない学生に，いきなり教科の内容を外国語でやれというのは，多くの場合，ハードルが高すぎる。結局，教科科目を英語で履修しても，ワラスの主張する global literate English を身につけるにはいたらない。

　そうした問題の解決策の一つとして，筆者は付随モデルの検討を提案したい。そもそも，大学の英語のクラスは，教科内容をともなったコンテクストのなかで行われるべきであるし，教科科目（少なくともその一部）を英語で教えるつもりがあるのなら，学生が教科の内容をしっかり消化し，さらに教科のなかでの言語使用にも意識を向け，その分野の慣習的な言語使用に慣れることができるような，言語部分のサポートが不可欠だと思うからである。教科の内容と連携していれば，学生の自信や動機のうえでも，プラスになるだろう。実際，UCLA の FSP プログラムでは，情緒面での効果も指摘されている（Snow & Brinton 1988）。

　Global literate English の養成の立場からいうと，多様なジャンルのテクストにふれるという面からも，できるだけ，さまざまな教科で付随プログラムが

できると好ましいのだが，現実的には，それはなかなか難しいだろう。付随プログラムを設ける教科科目の選択の規準として，これからグローバル社会で生きていく若者たちの生活に，直接影響を及ぼしそうなテーマを扱う科目を優先していけばよいと思う。筆者は，個人的には，人種・民族，宗教，環境，倫理などのトピックを扱う教科科目が，導入としてはふさわしいのではないかと考えている。現在，世界で起こっているさまざまな紛争の多くは，人種・民族や宗教に関わることだからである。環境問題は，地球上で生きていくかぎり，誰しも真剣に取り組んでいかなければいけない問題だろう。科学テクノロジーの急激な進歩で，とくに理科系の学生にとっては，自分の科学的探究心と倫理観との間で，葛藤を経験するようなことが，今後ますます増えてくると予想できる。大学時代に，自分はどのような倫理観にたっているのかを，一度じっくり考え，それを日本語だけでなく，英語などの外国語でもきちんと他人に伝えられるような力は，ぜひつけたいものである。

　学生の英語の熟達度に応じて，英語のクラスの言語目標も，指導の内容も違えていく必要があるだろう。熟達度の低いクラスでは，語彙の指導に力をいれたり，教科内容の理解を促進させるために，母語で書かれた教材を配布したりするなどの工夫が必要かもしれない。教科科目も，比較的言語的負担の少ない教科（例えば，コンピューター・サイエンスなど）から入っていくのがよいだろう。熟達度の高い学生には，言語負担のより大きい，歴史学や人類学などの教科を選択できるようになっているとよいかもしれない。さまざまなテクノロジーを駆使して，音声や画像といったマルチメディアをも媒体とした柔軟なリテラシーへのアプローチも必要であろう。

　もちろん，こうした付随モデルを唯一のモデルをして推奨するわけではない。大学によっては，ほかのモデルとの併用も必要であろうし，そもそも，先に挙げた諸条件が整わない場合は，CBI を導入しても，あまり効果は期待できない。しかし，global literate English の育成をめざすには，一つの指導法として，期待できるものではないかと思う。

グローバル社会のなかで，日本の学校英語教育がめざすべき英語でのリテラシーとは，どんなものであるかを考えてきた。コミュニカティブ言語指導法などの影響で，会話などの授業に多くの関心が向けられる傾向があるが，グローバル化が進む今こそ，二つ以上の言語におけるリテラシー習得の重要性が高まってきているといえるだろう。

　本章では，グローバル社会のなかで，どのような英語力が求められているかに関する主な議論を紹介したうえで，ワラス（Wallace 2002）の主張する global literate English の考え方を追従し，このような英語の習得を英語教育の最終的な目標におくことを一つの選択肢として提案した。Global literate English とは，グローバルな社会のなかで，英語の母語話者および英語を第二言語（外国語も含む）とする話者が，フォーマルな場面で使う書きことばである。そして，このようなタイプのテクストを，単に文字どおり読解するだけにとどまらず，テクストの書き手がどのような立場で，どのように意味構築を行っているのかを理解し，そして，さらにテクストに書かれたことをそのまま鵜呑みにするのではなく，批判的にテクストを解釈し，自分自身の言葉でテクストについて語ることのできる力である。本章で紹介したウンズウォースのリテラシーの三つの側面（Unsworth 2001）に当てはめるなら，リテラシーの認識，再生だけでなく，投影の側面までを，英語で遂行できる力ということになる。

　Global literate English を習得するには，英語をコンテクストのなかで学習することが大切であり，基本的に国語科をはじめ，他教科との連携が不可欠であるという立場から，本章では，母語と第二言語との転移の問題，教科のなかでの言語使用の特徴の問題，教科と言語学習を連結させた CBI という指導法の問題を扱った。そして，global literate English の習得をめざすための指導戦略の一つとして，大学レベルでは，CBI 付随型モデルの導入を提案した。もちろん，付随型モデルも万能なモデルではなく，学習者のニーズ，指導者などのリソースの確保，そして教育環境などを熟慮したうえで，計画的に行わなければ効果は上がらない。

　Global literate English は，英語学習の最終目標であって，そこへいたるま

での道筋は，いろいろあって構わない。むしろ，多様であるべきであろう。しかし，最終的に，日本語だけでなく，少なくとも英語との2言語で（そして願わくは多言語で），投影の側面にまでいたる，リテラシーの力を養成することが，グローバル社会のなかで生きていく若者たちにとって，非常に大切な力であることは間違いないだろう。そしてその際，めまぐるしいスピードで革新をとげていくテクノロジー時代に適合した新しいリテラシーへのニーズを常に分析し，多様なメディアを通じたリテラシー能力を学校教育で支援していく積極的な姿勢が求められているといえる。　　　　　　　　　　【バトラー後藤裕子】

注
（1）母語の定義は非常に複雑であるが，本章では，「母語」も「第一言語」も同義として扱い，「話者が主たる言語として認識している言語」という定義を，便宜上与えておく。
（2）ただし，ここでの「国際化」は，欧米を対象としたもの，つまり，カチュルのモデルでいうインナー・サークルのメンバーに限定されていることに注意したい（Kubota 2002）。
（3）最近では，エクスパンディング・サークルでの英語の変種を取り扱った研究も多くみられるようになってきた。World Englishes というジャーナルにも，エクスパンディング・サークルでの英語変種を対象にした論文が，いくつも掲載されている。
（4）基本的に，日本語のかなは，子音と母音（CV），または母音（V）という構造をもった音節に対応しているのだが，撥音（ん），促音（っ），長音などの場合には，音節数と文字数にずれが生じることになる。本文でもふれたように，実は，日本語の韻律単位は，音節ではなく，モーラという単位であり，撥音（ん），促音（っ），長音などのケースでは，音節とモーラとの間に違いが生じ，それが表記のずれにもつながっている。モーラは同じ長さの音の単位だと思えばよい。例えば「さんま」は，「さ」「ん」「ま」が同じ長さで発音される。「さんま」は，音節では「さん」「ま」の2音節であるが，モーラでは，「さ」「ん」「ま」の三モーラであり，表記上も三つのかな文字からなっている。しかし，さらに複雑なのは，拗音と撥音，促音，長音が組み合わさった拗撥音（じゃんけん），拗促音（しょっき），拗長音（やきゅう）などのケースである。上記の例では，アンダーラインをひいた部分は，皆，一音節，二モーラだが，三つの文字からなっている。このような場合には，文字数と，音節数，モーラ数にずれが生じるのである。
（5）コックスヘッド（Coxhead 2000）の学習語彙に関しては，批判もある（例えば，Hyland & Tse 2007 など）。
（6）「どんな内容を」「誰を対象に」「どのような様式で伝達するか」は，それぞれ，状況のコンテクストを形成する要素である，活動領域（field），参加者の間の役割関係（tenor），

伝達様式（mode）に相当する（Halliday 1994）。
（7）ここでは詳しくはふれないが，実は，英語力の高い学生や，英語の母語話者を対象とした英語クラスも用意されていた（Snow & Brinton 1988）。
（8）大学における付随モデルの，ニーズ分析のためのチェックリストの例は，ジー（Gee 1997, p.328-330）などに見られる。

引用・参照文献

August, D., & Shanahan, T. (Eds.). (2006). *Developing literacy in second-language learners: Report of the national literacy panel on language-minority children and youth*. Mahwah, NJ: Lawrence Erlbaum.

Benesch, S. (2001). *Critical English for academic purposes*. Mahwah, NJ: Erlbaum.

Biber, D. (2006). *University Language: A corpus-based study of spoken and written registers*. Amsterdam/Philadelphia: John Benjamins.

Block, D., & Cameron, D. (2002). Introduction. In D. Block, & D. Cameron (Eds.), *Globalization and language teaching* (pp.1-10). London: Routledge.

Bolton, K. (2008). English in Asia, Asian Englishes, and the issues of proficiency. *English Today 94, 24*(2), 3-12.

Bialystok, E., McBride-Chang, C., & Luk, G. (2005). Bilingualism, language proficiency, and learning to read in tow writing systems. *Journal of Educational Psychology, 97*, 580-590.

Brinton, D. M., Snow, M. A., & Wesche, M. B. (2003). *Content-based second language instruction*. Ann Arbor, MI: University of Michigan Press.

Butler, Y. G. (2005). Content-based instruction in foreign language contexts: Considerations for effective implementation. *JALT Journal, 27*(2), 227-245.

Cameron, D. (2002). Globalization and the teaching of "communication skills." In D. Block & D. Cameron (Eds.), *Globalization and language teaching* (pp.67-82) London: Routledge.

Chamot, A. U., & O'Malley, J. M. (1994). *The CALLA handbook: implementing the cognitive academic language learning approach*. Reading, MA: Addison-Wesley.

Connor, U. (2004). Intercultural rhetoric research: beyond texts. *Journal of English for Academic Purposes, 3*, 291-304.

Cook, V. (1991). The poverty-of-the-stimulus argument and multicompetence. *Second Language Research, 7*(2), 103-117.

Coxhead, A. (2000). A new academic word list. *TESOL Quarterly, 34*(2), 213-238.

Crystal, D. (1997). *English as a global language*. Cambridge: Cambridge University Press.

Cummins, J. (1984). *Bilingualism and special education: Issues in assessment and pedagogy*. Clevedon: Multilingual Matters.

Cummins, J. (2000). *Language, power and pedagogy: Bilingual children in the crossfire*. Clevedon: Multilingual Matters.

Dale, R., & Robertson, S. (2002). The varying effects of regional organizations as subjects of globalization and education. *Comparative Education Review*, *46*(1), 1–36.

Davison, C., & Williams, A. (2001). Integrating language and content: unresolved issues. In B. Mohan, C. Leung, & C. Davison (Eds.), *English as a second language in the mainstream: teaching, learning and diversity* (pp.51–90). Harlow, England: Pearson.

Durgunoğlu, A., Nagy, W. E., & Hancin-Bhatt, B. J. (1993). Cross-language transfer of phonological awareness. *Journal of Educational Psychology*, *85*, 453–465.

Echevarria, J., Vogt, M., & Short, D. J. (2004). *Making content comprehensible for English language learners: The SIOP model*. Needham Heights, MA: Allyn & Bacon.

Eskey, D. E. (2005). Reading in a second language. In E. Hinkel (Ed.), *Handbook of research in second language teaching and learning* (pp.563–579). Mahwah, NJ: Lawrence Erlbaum.

Fang, Z. (2006). The language demands of science reading in middle school. *International Journal of Science Education*, *28*(5), 491–520.

Garcia, G. E. (1998). Mexican-American bilingual students' metacognitive reading strategies: What's transferred, unique, and problematic? *National Reading Conference Yearbook*, *47*, 253–263.

Garner, R., Alexander, P., Slater, W., Hare, V. C., Smith, T., & Reis, R. (1986). Children's knowledge of structural properties of expository text. *Journal of Educational Psychology*, *78*, 411–416.

Gee, Y. (1997). ESL and content teachers: working effectively in adjunct courses. In M. A. Snow & D. M. Brinton (Eds.), *The content-based classroom: Perspectives on integrating language and content* (pp.324–330). New York: Longman.

Goldstein, E. B. (1989). *Sensation and perception*. Belmont, CA: Wadsworth Publishing.

Graddol, D. (1997). *The future of English? A guide to forecasting the popularity of the English language in the 21st century*. London: The British Council.

Graddol, D. (2006). *English next: Why global English may mean the end of "English as a foreign language."* London: The British Council.

Grosjean, F. (1989). Neurolinguistics, beware! The bilingual is not tow monolinguals in one person. *Brain and Language*, *36*, 3–15.

Halliday, M. A. K. (1994). *An introduction to functional grammar* (2nd ed.). London: Edward Arnold.

Held, D. (2000). *A globalizing world?: Culture, economics, politics*. London: Routledge.

Holm, A., & Dodd, B. (1996). The effect of first written language on the acquisition of English literacy. *Cognition*, *59*, 119–47.

Hu, M., & Nation, I. S. P. (2000). Unknown vocabulary density and reading comprehension. *Reading in a Foreign Language*, *13*, 03–430.

Hyland, K., & Tse, P. (2007). Is there an "academic vocabulary"? *TESOL Quarterly, 41*(2), 235–253.

Jenkins, J. (2000). *The phonology of English as an international language*. Oxford: Oxford University Press.

Jenkins, J. (2007). *English as a lingua franca: Attitudes and identify*. Oxford: Oxford University Press.

Jiménez, R. T., Garcia, G. E., & Pearson, P. D. (1996). The reading strategies of bilingual Latina/o students who are successful English readers: Opportunities and obstacles. *Reading Research Quarterly, 31*(1), 90–112.

Kachru, B. B. (1985). Standards, codifications, and sociolinguistic realism: the English language in the outer circle. In R. Quirk & H. G. Widdowson (Eds.), *English in the world: Teaching and learning the language and literatures* (pp.11–30). Cambridge: Cambridge University Press.

Kaplan, R. B. (1966). Cultural thought patterns in inter-cultural education. *Language Learning, 16*, 1–20.

Kasper, G., & Blum-Kulka, S. (Eds.). (1993). *Interlanguage pragmatics*. Oxford: Oxford University Press.

Kecskes, I. & Papp, T. (2000). *Foreign language and mother tongue*. Mahwah, NJ: Lawrence Erlbaum.

Kellerman, E., & Sharwood-Smith, M. (Eds.). (1986). *Cross-linguistic influence in second language acquisition*. Oxford: Pergamon.

Klee, C. A., & Tedick, D. J. (1997). The undergraduate foreign language immersion program in Spanish at the University of Minnesota. In S. B. Stryker & B. L. Leaver (Eds.), *Content-based instruction in foreign language education* (pp.140–173). Washington, D. C.: Georgetown University Press.

Koda, K. (2007). Reading and language learning: Crosslinguistic constraints on second language reading development. *Language Learning, 57* (Suppl. 1), 1–44.

Koda, K. (2008). Impacts of prior literacy experience on second-language learning to read. In K. Koda & A. M. Zehler (Eds.), *Learning to read across languages: Cross-linguistic relationships in first-and second-language literacy development* (pp.68–96). New York: Routledge.

Kramsch, C. (1993). *Context and culture in language teaching*. Oxford: Oxford University Press.

Kress, G., & van Ieeuwen, T. (2001). *Multimodal discourse: the modes and media of contemporary communication*. Oxford: Oxford University Press.

Kubota, R. (2002). The impact of globalization on language teaching in Japan. In D. Block & D. Cameron (Eds.), *Globalization and language teaching* (pp.13–28) London: Routledge.

Kuo, I-Chun. (2006). Addressing the issues of teaching English as a lingua franca. *ELT Journal, 60*(3), 213-221.

Laufer, B. (1992). How much lexis is necessary for reading comprehension? In P. J. L. Arnaud, & H. Bejoint (Eds.), *Vocabulary and applied linguistics* (pp.126-132). London: Macmillan.

Li, W., Anderson, R. C., Nagy, W., & Zhang, H. (2002). Facets of metalinguistic awareness that contribute to Chinese literacy. In W. Li, J. S. Gaffney, & J. L. Packard (Eds.), *Chinese children's reading acquisition: theoretical and pedagogical issues* (pp.87-106). Boston: Kluwer Academic.

Lotherington, H., & Jenson, J. (2011). Teaching multimodal and digital literacy in L2 setting: New literacies, new basics, new pedagogies. *Annual Review of Applied Linguistics, 31*, 226-246. doi: 10.1017/S0267190511000110

MacWhinney, B. (1992). Transfer and competition in second language learning. In R. J. Harris (Ed.), *Cognitive processing in bilinguals* (pp.371-390). Amsterdam: North-Holland.

Mann, V. A. (1986). Phonological awareness: The role of reading experience. *Cognition, 24*, 65-92.

McGunness, D. (1997). *Why our children can't read: And what we can do about it*. New York, NY: Touchstone.

Morgan, B., & Ramanathan, V. (2005). Critical literacies and language education: Global and local perspectives. *Annual Review of Applied Linguistics, 25*, 151-169.

Muljani, M., Koda, K., & Moates, D. (1998). Development of L2 word recognition: A Connectionist approach. *Applied Psycholinguistics, 19*, 99-114.

Nagy, W. E., Garcia, G. E., Durgunoğlu, A., & Hancin-Bhatt, B. (1993). Spanish-English bilingual children's use and recognition of cognates in English reading. *Journal of Reading Behavior, 25*(3), 241-259.

Nagy, W. E., McClure, E., & Mir, M. (1997). Linguistic transfer and the use of contact by Spanish-English bilinguals. *Applied Psycholinguistics, 18*, 431-452.

Nayar, P. B. (1997). ESL/EFL dichotomy today: language politics or pragmatics? *TESOL Quarterly, 31*(1), 9-37.

Odlin, T. (1989). *Language transfer: Cross-linguistic influence in language learning*. Cambridge: Cambridge University Press.

Reder, S., & Davila, E. (2005). Context and literary practice. *Annual Review of Applied Linguistics, 25*, 170-187.

Riley, K. (1991). Passive voice and rhetorical role in scientific writing. *Technical Writing and Communication, 21*(3), 239-257.

Riley, K., & Parker, F. (1988). Tone as a function of presupposition in technical and business writing. *Journal of Technical Writing and Communication, 18*, 325-343.

Schleppegrell, M. J. (2004). *The language of schooling: A functional linguistics perspective.* Mahwah, NJ: Lawrence Erlbaum.

Seymour, P. H. K., Aro, M., & Erskine, J. M. (2003). Foundation literacy acquisition in European orthographies. *British Journal of Psychology, 94*, 143-174.

Share, D. L. (2008). On the Anglocentricities of current reading research and practice: the perils of overreliance on an "outlier" orthography. *Psychological Bulletin, 123*(4), 584-615.

Short, D. J. (2002). Language learning in sheltered social studies classes. *TESOL Journal, 11* (1), 18-24.

Snow, M. A., & Brinton, D. M. (1988). Content-based language instruction: Investigating the effectiveness of the adjunct model. *TESOL Quarterly, 22*(4), 553-574.

Stoller, F. L. (2004). Content-based instruction: perspectives on curriculum planning. *Annual Review of Applied Linguistics, 24*, 261-283.

Street, B. V. (2008). New literacies, new times: developments in literacy studies. In B. V. Street and N. H. Hornberger (Eds.), *Encyclopedia of language and education.* (vol.2, pp.3-14). New York: Springer.

Stryker, S. B., & Leaver, B. L. (Eds.) (1997). *Content-based instruction in foreign language education.* Washington, D.C.: Georgetown University Press.

Tan, L. H., Spinks, J. A., Feng, C.-M., Siok, W. T., Perfetti, C. A., Xiong, J., Fox, P. T., & Gao, J.-H. (2003). Neural systems of second language reading are shaped by native language. *Human Brain Mapping, 18*, 158-166.

Unsworth, L. (1999). Developing critical understanding of the specialised language of school science and history texts: A functional grammatical perspective. *Journal of Adolescent & Adult Literacy, 42*(7), 508-520.

Unsworth, L. (2001). *Teaching multiliteracies across the curriculum.* Buckingham and Philadelphia: Open University Press.

Unsworth, L. (2006). Evaluating the language of different types of explanations in junior high school science texts. *International Journal of Science Education, 23*(6), 585-609.

Wallace, C. (2002). *Local literacies and global literacy.* In D. Block & D. Cameron (Eds.) *Globalization and language teaching* (pp.101-114) London: Routledge.

Wang, M, Koda, K., & Perfetti, C. A. (2003). Commonalities and differences in word identification skills among learners of English as a second language. *Language Learning, 55*, 71-98.

Webster, J. (1976). *Daddy-long-legs.* Oxford: Oxford University Press.

White, L. (1996). Universal grammar and second language acquisition: Current trends and new directions. In W. C. Ritchie & T. K. Bhatia (Eds.), *Handbook of second language acqui-*

sition (pp.85-120). San Diego, CA: Academic Press.
岩淵功一(2007)『文化の対話力 ―ソフト・パワーとブランド・ナショナリズムを超えて』日本経済新聞出版社
大津由紀雄編(2005)『小学校での英語教育は必要ない！』慶応義塾大学出版会
バトラー後藤裕子(2003)『多言語社会の言語文化教育 英語を第二言語とする子どもへのアメリカ人教師たちの取り組み』くろしお出版
バトラー後藤裕子(2010)「小中学生のための日本語学習リスト(試案)」『母語・継承後・バイリンガル教育(MHB)研究』
バトラー後藤裕子(2011)『学習言語とは何か 教科学習に必要な言語能力』三省堂
窪薗晴夫(1995)『語形成と音韻構造』くろしお出版
中島和子(1998)『バイリンガル教育の方法 12歳までに親と教師ができること』アルク

第 2 章　初期学習者を対象としたリテラシー教育
──音声教育から文字教育へ──

　現在，世界には 5000〜6000 の言語があるといわれているが，文字の数はその 100 分の 1 にも満たないと想定されている (GAICAS)。そのなかでも主要な書き言語は，100 前後であろう。つまり，手話を除くと音声のない言語は存在しないが，文字のない言語は多く存在することになる。

　そのような事実から考えても，「書き言葉」は「話し言葉」から発達してきたことは明白である。では，「書き言葉」はただ単に「話し言葉」を書き出したものなのであろうか。多くの人々が，ものを書くとき，話すときとは違う言語経験をすることを知っている。口頭でのコミュニケーションとは違い，書き手は想定する読み手に対して自分の考えを表現していくが，そのときじっくり自らの思いを構築していく。「話し言葉」による直感的な言語体験だけではなく，「読む，書く」という言語を対象化して取り扱う客観的な言語体験によって，人は多くのことを考え，自分自身との深いコミュニケーションを経験することができる。

　また，「書き言葉」は「今，ここ」にいない人とのコミュニケーション，つまり「今，ここ」に縛られず，時空を超えることを可能にしてくれた。言い換えれば，わたしたちは文字のお陰で，どこの時代でも，またどんな所でも行くことができるのである。また，わたしたちは「書き言葉」によって正確にメッセージを伝えることもできるようになった。このように「書き言葉」は，「話し言葉」とは異なる多くの利益を人間社会にもたらしてきた。わたしたちは「書き言葉」を通して，さまざまな媒体から情報を収集し，新しい世界観を身につけ，必要とあれば社会を変えていく力を養うのである。

　第二言語習得においてもリテラシー能力を獲得することは大変重要であり，

その力によって,学習者は新しい情報を得,別の観点から物事を理解することができるようになり,自律学習を進めることができる。本章では,英語教育におけるリテラシー能力の発達,およびその指導について考えいくが,対象が小学生であるので,主にリーディングの発達とその指導について述べていくことになる。初期のリーディング指導のなかでも,とくに,音声教育から文字教育への橋渡しに焦点を絞り論考する。

第1節 英語圏におけるリーディング指導

　リーディングとは,文字(記号)で書かれているテキストから情報を引き出し,自分がすでにもっている知識や情報に照らし合わせ,意味を構築していく活動をさす。この定義から明らかなことは,リーディングには二つの過程が含まれているということである。一つはテキストから情報を引き出すプロセスであり,もう一つは自分がすでにもっている知識や経験を使い,意味を理解し,また構築しようとするプロセスである。心理言語学,認知心理学,また情報処理などの分野で使われている用語を用いて,前者をボトムアップ,後者をトップダウンと呼ぶ。言い換えると,人が何かを理解,または学習する過程で,データのなかにある情報(語や文)を利用し,意味を構築しようとする方法がボトムアップ的アプローチであり,一方すでにもっている知識を利用し,入ってきた情報を理解,または処理をしようとするのがトップダウン的アプローチである。

　英語圏のリーディング指導をみると,ボトムアップ的アプローチの代表的な指導法はフォニックスであり,トップダウン的アプローチの代表的な指導法はホールランゲージ・アプローチである。ここでは日本の英語教育にも影響を及ぼしているこれらのアプローチについて簡単に説明する。

1　フォニックス指導 (Phonics)

　まず,ボトムアップ的指導法の代表的な教授法であるフォニックスについてみていくことにする。フォニックスにはさまざまなアプローチがあるが,

Stahl（2002）は"any approach in which the teacher does/says something to help children learn how to decode words"（p.335）と広義の定義を述べている。ここでは analytic approaches と synthetic approaches について少し説明する。前者は 1980 年代に最盛期を迎え，90 年代には衰えた伝統的な教え方であるが，まずは子どもがよく知っている単語を使って音を教える。例えば，book を使って最初の音 /b/ を教える。その後，あらかじめ用意していた単語リストのなかの単語を読みながら，それらに /b/ が含まれるかどうかを言ったりするが，ほとんどがワークブックを使った活動であった。

一方，synthetic approaches は，通常日本でもフォニックスとして親しまれているやり方で，子どもは文字とそれに対応する音との関係を教えられる。ここで述べる音とは言語音の最小単位である音素をさす。文字と音との対応を学んだ子どもは，単語を構成する音を混合させ，単語を音読するようになる。例えば，b という文字を見せて，文字に対応する音は /b/ という上下の唇をしっかり合わせて，一度息を止めて出す有声音だと教え，同様に oo を /u/，また k を /k/ と教えると，子どもは book を /buk/ と読むことができるようになる。

アメリカでは，議会が the National Reading Panel（リーディングに関する全国調査委員会）に子どものリーディング能力を高める効果的な指導法について調査するように委託し，その結果が公表された（その内容を引用している Stahl, 2002 より）。委員会は，すでに発表された学術論文をメタ分析し，その結果フォニックス指導について下記のようにその効果をまとめた。

- Phonics instruction produced significant effects on measures of achievement. These effects were most pronounced on measures of decoding and reading nonsense words, and less so on measures of oral reading and reading comprehension. However, significant effects were found on measures of comprehension as well as isolated word reading.
（フォニックス指導は到達度に重要な影響を及ぼしている。なかでも「nonsense words（存在しない言葉）」の読み取りや decode により大きな影響がみられた。それと比べると音読や内容理解に関しては少なめの影響であった。しかしながら，個々の単語の読みと同様解釈にも重要な影響がみられた。）

- Phonics instruction was more effective in kindergarten and first grade than in

the upper grades.
　　　（フォニックス指導は高学年よりも幼稚園や低学年でより効果的である。）
● 　Phonics instruction was effective for struggling readers in the early grades, but did not produce significant effects for older children with reading problems. (p.335)
　　　（フォニックス指導は，低学年でリーディングに問題がある子どもには効果的だが，高学年で問題がある子どもには有効ではない。）

　このように委員会は，リーディング指導のなかでフォニックス指導は重要な位置をしめ，その効果は年齢が低い初期学習者に顕著に出ていると報告している。

2　ホールランゲージ・アプローチ（Whole language Approach）

　つぎに，トップダウン的指導法の代表的な教授法として，ホールランゲージ・アプローチが挙げられる。ホールとは「全体」または「丸ごと」という意味であるが，学習者は言語が使用される実際の場面で，言葉を丸ごと，つまり「ホールのまま」で学習していくべきだと考える指導法である。第一言語習得では，母親は子どもの言語発達を促がすため，言葉の部分を与えるのではなく，あくまでも自然に豊かな言葉を「丸ごと」子どもに与えている。ホールランゲージ・アプローチでは，「意味」は一つひとつの単語や文にあるのではなく，全体のなかにあると考え，自然な環境のなかで，子どもたちにとって意味のある文脈のなかで言葉を提示し，指導していく。言語の学習は「Whole to part　全体から部分へ」進めるべきだと提唱されている。

　このアプローチは，ピアジェ[1]，ヴィゴツキー[2]，デューイ[3]という構成主義（constructivism）を唱える学者たちの理論にその基礎をおく全人教育的な言語教授法である。このアプローチでは，言語学習はすべての学習の中核にあり，言語習得は子どもの個人的，社会的，そしてアカデミックな生活に大きな影響を与えると考えられている（桑原 1992）。

　また，子どもたちは環境から自然にリテラシー能力を獲得していくと考えられているので，リテラシー能力が発達するような環境を整えることが重要とさ

れ，子どもたちに本を読むことを奨励し，教室内には多くの印刷物を展示することが勧められている。アルファベットのみならず，ほかにもさまざまな単語のスペルや句または文などが自然に目に入っていくような環境をつくり，授業ではビッグ・ブックやストーリーテリングが多く使われる。前述の単語を細かく文字レベルに分解し，音と文字の関係をドリル的に教えるフォニックスのようなアプローチとは対照的である。

英語圏ではフォニックス指導と，ホールランゲージ指導の間で，どちらがよりすぐれたリーディングの指導法なのかと長年議論されてきた。実際のところはどちらも大切なので，多くの教師はその両者をうまく統合させて授業を進めている。基本的には音声言語を伸ばしつつ，初期段階ではフォニックス的な音と文字のルールを教え（ボトムアップ・アプローチ），子どもがある程度単語が読めるようになるとすぐに「本物の（Authentic）」本を読み，内容の理解を促す活動（トップダウン・アプローチ）に移ることがよいとされている（Adams 1990）。

第2節　日本の公立小学校における文字指導

それでは，ここから日本の小学生を対象としたリテラシー指導について考えてみたい。なかでも，日本の小学生688万7292人（平成23年5月1日現在）の98.2％が通う公立小学校における外国語（英語）活動においてリテラシー教育がどのように取り扱われてきたのかをみてみよう。

文部科学省は，1992（平成14）年に初めて公立小学校での英語活動の実験を始めた。それ以来，公立小学校では文字指導はあまり進めるべきではないと考えられている。2001年度に出された『小学校英語活動実践の手引き』（文部科学省 2001）のなかでは「小学校段階では，音声と文字を切り離して，音声を中心にした指導を心がけることが大切である」（p.5）と書かれたおり，小学校の多くの教員は英語の読み書き指導をすると，子どもが英語嫌いになってしまうと考え，文字導入には消極的であった。

しかし，2011年度より小学校の5，6年生を対象に，必修科目として導入された外国語活動においては，今までとは異なり，文字指導に対し少し積極的な姿勢がうかがえる。文部科学省は，『小学校外国語活動研修ガイドブック』（文部科学省 2009a）において，文字導入の利点を①記憶の助けになり，②文字による視覚情報が加わることで，内容理解が進み，外国語に対する興味を促すことができ，③児童の知的欲求に合致していると，その効果を認めている。具体的には，音声を中心とした「文字遊び」を通して，子どもたちがアルファベットの文字に慣れることを目的とし，①文字に慣れる第一段階，②大文字・小文字を識別する第二段階，そして，③文字の組み合わせに慣れる第三段階（外国語活動では取り扱わない）に分けて指導することを提案している。しかし，同時に「文字に対する知的欲求が高まると考えられる高学年の児童といえども，音声での指導を先行させ，文字を読みたい，書きたいという欲求が生じるまで文字の導入を遅らせる」(p.53) と，文字指導の前の音声指導の重要性を強調している。

　また，文字指導以上の活動になる「読む指導」については，原則として次のような4点をあげている (p.54)。

- 「読むこと」「書くこと」は，「聞くこと」「話すこと」の学習の延長上にあり，聞いたり話したりする活動と関連がなければならない。
- 読むことの動機付けが必要である。児童にとって，意味があり面白いと思うものを与える。
- 読む活動のために使用する教材は，児童がなじんでおり，短く単純な表現が書かれていて，繰り返し同じ表現が用いられていることが望ましい。
- 児童が最初から自発的に読むことは期待できない。しかし，教師が適切な教材を選び，読み聞かせることで，読むことに興味を持ち始めると考えられる。

　また，「書くこと」については，「音声で慣れ親しんだ単語や身近な単語が読めるようになったら，同じ単語・語句・文を書き写したりする活動から始める。ただし，あくまでも児童の負担に配慮すること」(p.54) と書かれている。

実際，公立小学校での外国語活動の時間で主要教材として使用されている『Hi, friends! 1, 2』では，次のようなかたちでアルファベットが導入されている。アルファベットの大文字は『Hi, friends! 1』のレッスン6で取り扱われており，その単元目標は①積極的にアルファベットの大文字を読んだり，（欲しいものを尋ねたり答えたりしようとする），②アルファベットの文字とその読み方とを一致させ，（欲しいものを尋ねられたり答えたりする表現に慣れ親しむ），③身の回りにアルファベットの大文字で表現されているものがあることに気づくとなっている。一方，小文字は『Hi, friends! 2』のレッスン1で導入されており，単元目標として①（31～100の数の言い方や）アルファベットの小文字，（ある物を持っているかどうかを尋ねる表現）に慣れ親しむ，②世界にはさまざまな文字があることを知るとなっている（それぞれの単元にはアルファベット以外の指導目標が含まれているので，それらを括弧のなかに示している）。

　平成23年度まで使用されていた副読本『英語ノート1, 2』では，アルファベットは大文字，小文字ともに6年生用の『英語ノート2』で取り扱われていたので，『Hi, friends!』にかわり，大文字導入は1年繰り下げられたことになる。また，『英語ノート』では本文中に英文が書いてあることはほとんどなかったが，『Hi, friends!』には英文がかなり書かれており，文字に対してより積極的に取り組んでいるような感がある（例：I can help people. We are strong and brave.）。

　学習指導要領や副読本の影響からか，現場では外国語活動の時間に文字指導を行うところは少なく，『小学校英語に関する基本調査』（ベネッセ 2011）によると「英語の文字や文を読むこと」を「よく行う」または「時々行う」と選んだ学級担任は全体の29.9％，「英語の文字や文を書くこと」については16.5％であった。ほかの「英語のあいさつ」（98.7％），「ゲーム」（98.5％），「歌，チャンツ」（91.9％）と比べるとその差が一目瞭然である。またこれらの活動は学年による差が大きく，「読む活動」については5年生では19.6％であるが6年生で36.4％にあがり，「書く活動」についても5年生で9.8％であったものが6年生で21.2％になっている。ほかの活動では5，6年生での取り扱いにさほど変化がないところ，リテラシー活動の取り扱いの差は大きく，中学を意識した取

り組みであるようにも思える。

　それに対し，中学生の英語学習の意識調査によると，中学校に入学する前に小学校や塾，または英会話教室で「アルファベットの読み書き」を学習したことがあるという問いに6割の中学生が「はい」と答えている（ベネッセ『第一回中学校英語に関する基本調査』，2010より）。教師へのアンケートからは，3割弱の先生しか読み活動を導入していないと報告されているので，3～4割の児童が学校以外の教育機関でリテラシー教育を始めていることになる。

　公立小学校に英語活動が導入されて以来，2011（平成23）年の外国語活動の完全実施までを考えると，19年の歳月が過ぎている。リテラシー活動に関しては，現場では文字指導について反対する教員は少なくなり，「読むこと」「書くこと」の初歩的な活動が子どもの英語理解を進め，学習を促がす効果があるのではないかと考える教員も増えてきた。リテラシー指導に関しては，中学校との連携を視野に入れ，これからますます実践的な研究が公立小学校で進むことを期待したい。

　筆者は長年，幼稚園児から小学生の子どもたちに英語を教えてきた経験から，「英語が好きな」子どもから「英語ができる」人に成長させるためには，効果的なリテラシー指導をすることが不可欠であると確信するにいたった。国際共通語となった英語を使いこなす人材を育成するためには，計画的に時間をかけて英語のリテラシー能力を育てるプログラムが必要である。次の節では日本人の子どもを対象とした効果的なリテラシー教育について述べていくことにする。

第3節　日本の初期学習者に対するリーディング指導
──ボトムアップ的指導──

　子どもに限らず，第二言語学習者がかかえるリーディングの問題は，①語彙知識，②文の構造に関する知識，③文化的知識，④ディスコース知識などの欠如によることは明らかである。このような言語能力が欠けている最も大きな原

因の一つとして,「書き言葉」の土台となる「話し言葉」が十分に発達していないことが考えられる。とくに日本のように英語に接する機会が限られている学習環境においては,程度の差こそあれ,学習者は音声言語の土台が十分でない状態で文字言語の学習を始める。したがって,日本の子どもの英語のリーディング指導で最も重要なことは,英語での音声指導を十分に行い,英語の音への気づきを育てつつ,リテラシー指導を統合していくことだと考える。

　この節では,とくに音声言語の育ちに留意しつつ,ボトムアップ的な指導について述べていく。英語圏のボトムアップの代表的な指導法であるフォニックスは,あくまでも英語の音のなかで育ち,幼稚園に入る前からアルファベットを通して文字に親しむ英語圏の子どものためにできた教授法である。つまり,フォニックスは,英語の音声言語ができ上がっている子どもに対して,文字と音の関係を意識的に教えていくものであるため,英語の音に対して理解が足りない初期の日本人学習者には認知的に大きな負担になることもある。またメタ言語力,あるいはメタ認知力が発達していない子どもにも,フォニックスは負担のかかる教授法となる。

　英語を母語とする子どもたちへのリテラシー指導でも,フォニックスを導入する前に,その土台ともなる「アルファベットの知識」と「英語の音素に対しての気づき（phonemic awareness）」を高めることが重要であると指摘されている（Ehri, Nune, Willows, Schuster, Yaghoub-Zadeh, & Shanahan 2001）。日本の子どもへのボトムアップ的指導としても,これらの指導は不可欠なものになるので詳しくみていくことにする。

1　アルファベット知識

　アルファベットを理解するということは,文字の形とその名前を一致させることを意味する。例えば,Oという文字は上下に長い楕円形であるという視覚的特徴を理解し,その記号に英語音の /ou/ という1音素を一致させる。したがって,アルファベットを十分に理解していない子どもは,視覚刺激の混同（例えばMとW,またはbとd）や聴覚刺激の混同（例えばGとZ,またはBとV）に

よる誤りをおかすが，最も多いのは視覚刺激と聴覚刺激を適切に結びつけることができないためにおこる誤りである。

(1) アルファベット知識に関する研究

英語圏での研究から，アルファベットの認識とのちに発達するリーディング能力には強いつながりがあることが報告されている。Snow, Burns, & Griffin (1998) は，英語の母語話者であるアメリカ人の子どもたちが幼稚園にいるときにもっていた文字に対する知識が小学校低学年（1～3年）でのリーディング能力の3分の1を説明すると報告している。

Adams (1990) は，アルファベットの文字を正確に理解していること (accuracy) に加え，それをすばやく理解し，処理する力 (fluency) が必要であると述べている。このスピードと正確な文字処理がリーディング能力の発達とどのように関係しているのかについて，彼女は以下のような点を挙げて説明している。

- A child who can recognize most letters with thorough confidence will have an easier time learning about letter sounds and word spelling than a child who has to work at remembering what is what.
（ほとんどの文字を自信をもって認識できる子どもは，どの文字がどれかまだ覚えていない子どもより，文字の音や単語のスペルを楽に学習する。）

また，少し年齢が上がった学習者に対しては，次のような説明をしている。

- Children who automatically see the letters as wholes will see the words as patterns of letters. Children who do not, will have to work on the patterns of the individual letters as well. To the extent that they invest effort in identifying uncertain letters, they have less attention and capacity left for figuring out, processing, and remembering the words.
（複数の文字を全体として自動的に理解できる子どもは，単語を文字のパタンとして把握する。それができない子どもも個々の文字のつながったパタンを理解しなくてはいけない。彼らはよくわからない文字が何であるのか理解することに力を注ぎ，単語が全体で何を意味しているのか考える余裕もなく，単語を記憶するところまでたどり着けない。）
- There is evidence that a comfortable knowledge of the names of letters hastens children's learning of their sounds because it mediates their ability to remember the sounds. That is, if I, as a learner, know that this particular symbol is

called b, then I can use that fact to help myself remember that its sound is /b/.（アルファベット文字の名前を十分に知っている子どもは，その音についての習得が早いと証明されている。文字の名前を知っているとその文字の音を覚えるのに役立つからである。つまりｂという記号が［biː］と読まれることを知っているとその音が /b/ であることが覚えやすいのである。）

(p.63)

　このように英語を母語とする子どもを対象とする研究から，リーディング能力を発達させるためには，アルファベットに関する知識を十分に獲得することが必要であることが明らかになった。日本で英語を学ぶ子どもにとってはその重要性はさらに増すのではないだろうか。

　日本人の児童を対象とした研究として，アレン玉井（2006）は小学生５，６年生302名のアルファベットに関する知識を測定した。テストはアルファベット大文字を１文字で理解できるレベル，複数文字で早く正確に理解できるレベル，書けるレベルを問う項目でできているが，同時にアンケート調査も実施された。その結果，①文字の習得にはある程度の個人差があり，②単語認識にはアルファベットの文字を書く力が一番強く相関しており，③ローマ字習得とアルファベット知識に関連があることが報告されている。

(2) アルファベット知識を伸ばす活動

　ここで具体的にアルファベット知識を伸ばすための公立小学校でも実践可能な活動を紹介する。

①　アルファベットチャートと歌を使った活動

　アルファベットの文字とその名前を教えるために，大きめのチャートを用意し，歌（「きらきら星」のメロディー）を使って指導する。低学年であるほど歌の効果は高く，反対に高学年になると，歌ではなくアルファベットにリズムをつけて言う練習を好む子どもも出てくる。しかし，最初の段階ではアルファベットの歌を使って学習する効果は大きいと感じる。

　アルファベットのチャートは大文字と小文字用のものを別々につくり，大文字の学習を徹底し，その知識が定着したあとに小文字の学習に入るようにしている。大文字と小文字を同時に導入することに関しては，いろいろな意見があ

るが，筆者は学習者の言語的また認知的な負荷が大きすぎると判断し，行っていない。小文字に関しては，文字の特徴が少なくなり，高さも文字によって異なるため，認識には大文字以上に時間がかかり，子どもは苦手意識をもつ。単語や文を理解するには小文字の理解が不可欠なので，十分に時間を取り，大文字以上に丁寧に指導することが大切である。

② カードを使った活動

『Hi, friends!』には，アルファベットのカードが大文字，小文字ともに用意されているが，アルファベットの学習にはカードは不可欠である。単純にカードをアルファベット順に並ばせたり，「Show me A.」などと言って，指定したカードを見せるように指示を出したりして，子どもの理解度をチェックすることができる。また，カルタ的な遊びもできる。例えば，先生があらかじめ適当なカードを抜いておき，「ババ抜き」をするとか，または2組のカードを使って「マッチングゲーム」を楽しむこともできる。

③ カード以外の活動

例えば，「アルファベットの人文字づくり」という活動があるが，1チーム5〜6名でグループをつくり，先生が指示するアルファベットの形を全員で協力して，手をつないでつくらせるというものである。また，伝言ゲーム，もしくは背中に文字を書いて，前の人に伝えるという変形伝言ゲームを楽しむこともできる。

④ アルファベットの文字に対する認識を高める活動

前述したように『Hi, friends! 2』のレッスン1では，アルファベットの小文字の学習のほかに「世界のさまざまな文字に興味をもつ」という目標が設けられ，教科書にはアラビア文字，キリル文字，ハングル文字，タイ文字，漢字，ローマ字（スワヒリ語）で動物の名前が書かれている。

児童がアルファベットの文字に興味をもつように，次のようなアルファベットチャートを用意し，どの国のアルファベットか考えるように指示したり，次のような質問をしたりすることができる。

(a)英語のアルファベットは全部で何文字？　　　　　　　〔答：26文字〕

(b)スペイン語のアルファベットは全部で何文字？　　　　　〔答：27文字〕
　(c)イタリア語のアルファベットは全部で何文字？　　　　　〔答：21文字〕
　(d)なぜアルファベットと呼ばれるようになったのでしょう。
　　〔答え：ギリシャ語の最初の2文字，アルファとベータを合わせた〕
　(e)ギリシャ語のアルファが表している動物は何？　　　　　〔答：牛〕

英語，仏語，独語

A	B	C	D	E	F	G	H	I	J	K	L	M
N	O	P	Q	R	S	T	U	V	W	X	Y	Z

スペイン語

A	B	C	D	E	F	G	H	I	J	K	L	M
N	Ñ	O	P	Q	R	S	T	U	V	W	X	Y
Z												

ギリシャ語

A	B	Γ	Δ	E	Z	H	Θ	I	K	Λ	M	N
Ξ	O	Π	Ρ	Σ	T	Y	Φ	X	Ψ	Ω		

ロシア語（キリル文字）

А	Б	В	Г	Д	Е	Ё	Ж	З	И	Й	К	Л
М	Н	О	П	Р	С	Т	У	Ф	Х	Ц	Ч	Ш
Щ	Ъ	Ы	Ь	Э	Ю	Я						

2　音韻認識能力

　言語習得の大変さは，言語の特性である線条性にある。音の連続体として聞こえてくる言語を意味のある単語として分節する能力を発達させることが大切であり，分節能力の発達を助けているのがいわゆるマザリーズ（Motherese）である。これは，通常母親が子どもと話すときに使う独特の話し方であるが，音

調の変化に富み、子どもが音の流れを分節する力を伸ばすには不可欠なインプットとなる。最初は音のおおまかな流れのみに注意を払っていた子どもが、さらに小さな音の単位（音節や音素）に気づき、話されている言葉がどのような音から成り立っているのかを理解することができるようになる。このような能力を音韻認識能力（phonological awareness）、もしくは音素認識能力（phonemic awareness）と呼び、リテラシー能力の発達に大きく影響するといわれている。

(1) 音韻認識能力の内部構造

音韻認識能力は、"the ability to reflect explicitly on the sound structure of spoken words"（Hatcher, Hulme, & Ellis 1994, p.41)「話し言葉の音声的な構造を明確に考えられる力」と説明されている。Stahl (2002) は音韻認識能力の重要な側面として、一つは書き言語ではなく音声言語にかかわる気づきであること、もう一つは音素、頭子音、ライムなど音節内部構造（intrasyllabic structure）について気づく力であることを挙げた。

McBride-Chang (1995) は、音韻認識能力を測定するさまざまなタスクを検証し、それらに共通する三つの基本的な要素が音韻認識能力を構成するとの仮説を立てた。その基本的な要素とは general cognitive ability（知能）、verbal short-term memory（音声に関する短期記憶）、そして speech perception（音声知覚）である。136名の香港在住の英語が母語である小学生3年、4年生がこの研究に参加した。彼らは、①Wechsler Intelligence Scale for Children III (WISC III) のサブテスト、②コンピュータで作成した音素聞き分けテスト、③WISC III の Digit Span テストと言葉の短期記憶テスト、そして④音韻認識能力を測定する三つのタスクを行った。共分散構造分析を行った結果「all three component constructs contributed unique variance to the phonological awareness.」(p.185) として音韻認識能力は「知能」「音声に関する短期記憶」「音声知覚」という三つの能力から構成されており、それらが音韻認識能力の分散の60％を説明していると報告している。

Allen-Tamai (2005) は、第二言語における音韻認識能力に第一言語の音韻認識能力がどのように関連するのかを調べるため、日本語の識字能力がまだ十

分に発達していない幼稚園生と小学生を対象に日本語の音韻認識能力を測定するタスク三つと英語の音韻認識能力を測定するタスク三つを実施し，共分散構造分析を行いその関連性を検証した。その結果，日本語の音韻認識能力が英語の音韻認識能力に影響しているというモデルの妥当性が支持され，日本語の音韻認識能力が英語の音韻認識能力の分散の30%を説明したと報告している。

(2) 音韻認識能力の発達と測定

日本語においても英語においても，音節は直感的に知覚できる最も基本的な音の構造単位である。しかし，英語の母語話者においては図2.1のように，音節の内部構造を頭子音（onset）と韻（rime）に分ける力が自然に発達するといわれている（Mackay 1972）。例えばpigの場合，始めの［p］が頭子音で［ig］が韻である。この場合，韻が同じ言葉，例えばpig, figのような言葉を脚韻（rhyme）という。

音韻認識能力は大きなレベルから小さなレベルに段階的に発達するともいわれている（Cisero & Royer 1995）が，英語圏では音節レベルの認識から，まずは，onset-rimeレベルの認識がうまれ，そして音素レベルへと認識が発達するといわれている（Goswami & East 2000）。したがって最終的には，図2.2のように話されている言葉を音素レベルに分節し理解できるようになる。このような力を

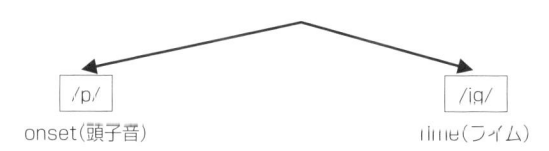

/p/ /ig/
onset(頭子音)   rime(ライム)

図2.1　onsetとrimeレベルの分節

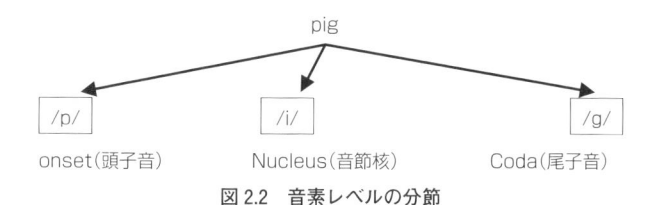

pig
/p/   /i/   /g/
onset(頭子音)　Nucleus(音節核)　Coda(尾子音)

図2.2　音素レベルの分節

phonemic awareness（音素認識能力）と呼ぶ。

　音韻認識能力は今までさまざまな方法で測定されてきたが，Adams（1990）はそれらを下記のように五つのレベルに分類した。

- よく知られているナーザリーライムを知っているかを測定する。
- 脚韻，頭韻を聞き分けることができるかを測定する。（例：cat-mat-pig-hat と聞いて，pig が異なる rime をもっていることがわかる）
- 単語のなかの音素を混ぜたり，離したりできるかを測定する。
 （例：/k//æ//t/ の音をあわせて cat ということができる）
- 単語を完全に分節できるかを測定する。（cat を /k//æ//t/ と音素に分けることができる）
- 音素を追加，削除，または移動することで新しい単語をつくることができるかを測定する。（例：tall から /t/ を取り，all をつくることができる）

　また，これらのさまざまな測定方法を研究した Yopp（1988）は音韻認識能力を測定する10種類のタスクを104名の幼稚園児に実施し，それぞれのタスクに子どもがどのように反応するのかを検証した。その結果，それぞれのタスクはお互いに相関していたが，大きく二つの能力に分けることができたと報告している。一つの能力は音素を抽出，分節，または混合することができる力であり，それを Yopp は「simple phonemic awareness」と名づけ，もう一つの能力は，音素をある程度記憶にとどめ，それらを操作する力であり，「compound phonemic awareness」と名づけた。

　アメリカでは，前述の子どものリーディング能力に影響する要因を調べた the National Reading Panel が，音素認識能力を高める指導がいかにリーディングとスペリング学習の手助けになっているかという研究調査を報告した。音素認識能力は，単語を読むだけなく文脈の理解にも役立ち，さまざまなタイプの子どもが音素認識能力を育てる活動から利益を得たと報告している。（Ehril et al. 2001）。

(3) **音韻認識能力とリーディング能力の関係**

　天野（1987）によると，最初に音韻認識能力に関する系統的な研究を進めた

のはヴィゴツキーやルリアといったロシアの心理学者たちであった。ヨーロッパやアメリカで音韻認識能力の研究が始まったのは1970年代に入ってからである。アメリカで行われた最初の大規模な横断研究はCalfree, Lindamood, and Lindamood（1973）が行ったもので，660名の幼稚園児から高校生を対象に音素を操作するタスクとリーディングテストを実施し，この二つに強い相関があったことを報告している。また，因果関係を調べるために縦断研究を行う研究者もおり，Bradley and Bryant（1985）は368名の4，5歳児に音韻認識能力，語彙力また記憶力を測るテストを実施し，3年後に同じ参加者にリーディングやスペルを問うテストを実施した。その結果，幼稚園のときの音韻認識能力がその後に発達するスペル認識力やリーディング能力を予測していたと報告している。同様に，Lundberg, Olofsson, and Wall（1980）はスウェーデンの幼稚園児143名を対象にさまざまなタスクを使って彼らの音韻認識能力を測定し，1年後にリーディングテストとスペルテストを行った。その結果，幼稚園時の音韻認識能力が1年後のスペル認識力やリーディング能力の発達を予測していたと報告している。さらに研究者たちは，子どもたちが小学校2年生になったときに再び彼らのリーディングやライティングの力を測定したが，それらリテラシー能力に最も影響を与えていたのが幼稚園時の音韻認識能力であったと報告している。これらの研究やほかの同類の研究からリテラシー能力を発達させるうえで音韻認識能力を発達させることは絶対必要条件であると思われる。

　以上は母語話者を対象とした研究であるが，Hu（2003）は英語を第二言語として学習している台湾の幼稚園児を対象に彼らの英語の音韻認識能力と英語のリーディング能力の関係を調べた。Huは参加した58名の幼稚園児を2年間追跡調査し，4回にわたり英語の音韻認識能力と音韻の記憶力を測定した。3度目の測定では英語の単語認識，そして4度目はそれらの単語を再度学習する力を測定した。その結果，音韻認識能力が単語認識および単語の再度の学習に影響を与えていたと報告している。

　Allen-Tamai（2000）は日本語と英語の音節構造の違いに着目し，二つの異なる音韻認識テストを作成し，それとリーディング能力の関連を調べた。母音

で終わる音節は開音節（例：山，boy），子音で終わる音節は閉音節（例：本，book）と呼ばれるが，日本語では90％の音節が開音節であるのに対し，英語では60％が閉音節であるといわれている（窪園＆太田 1998）。このことより日本人は英語の1音節単語を聞くとき，母音（nucleus）のあとで分節すると予想される（例：/kæ/-/t/）。一方，英語を母語とする人は前述したようにonsetのあとで分節し，母音は独立，もしくはそれに続く子音（coda）がある場合はそれと合わせた韻（rime）という単位で知覚すると考えられる（例：/k/-/æt/）。Allen-Tamai（2000）はこれらの能力を測定するために，Kirtley, Bryant, Maclean, & Bradley（1989）に倣い，はじめの部分の音が異なる単語を見つけだすというOpen Oddity Testと終わりの部分の音が異なる単語を見つけるというEnd Oddity Testを作成した。Open Oddity Testでは参加者は四つの単語を聞き，一つだけ母音が異なる単語を抽出しなければならない（例：cat, cash, catch, kingのうちkingを抽出）。もう一つのEnd Oddity Testでは，同様に四つの単語のうち一つだけ異なるrimeをもつ単語を見つけなければならない（例：cat, mat, hat, ringのうちringを抽出）。参加者は音だけを聞き，異なる単語の番号に○をつけるというものであったが，同時に測定したリーディングのテストやスペルテストの結果をパス分析した結果が図2.3である。

　参加者は，東京近郊の三つの私立小学校に通う小学校1〜6年生700名の児童である。図2.3が示すように，年齢，単語認識能力，ライム（Rhyme）認識能力が読みの力を予測する要因として判明したが，音韻認識能力を表す一つの力

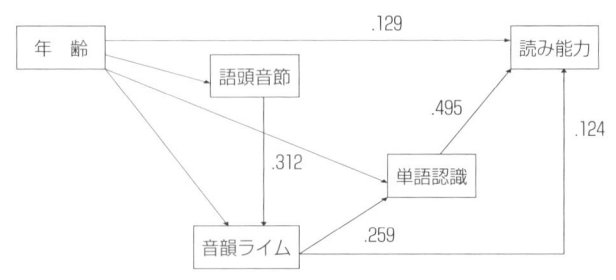

図2.3　読みの能力を予測するパス分析

であるライム認識能力が単語認識能力にも，そして読みの能力にも直接影響を及ぼしていることは興味深い。一方，「子音＋母音」の単位で分節し，音を聞き分ける Open Oddity Test（語頭音節）の結果はスペルの認識力やリーディング能力にはなんら影響していなかった。つまり，日本語のモーラ的感覚での音韻認識力で英語を聞いていても，英語の単語のスペルや読みの力の発達には影響しない可能性がある。ネイティブの子どもたち同様，日本人の学習者もライムを理解する力，つまり英語独特の音節内部構造が理解できる力をもっている者が単語を理解する力，また文章を理解する力があるということを示唆している。

(4) **音韻認識能力を伸ばす活動**

『Hi, friends!』には音韻認識能力を伸ばすような活動は用意されていないが，外国語活動の目標に「外国語の音声に慣れ親しませる」というものが含まれている。次に紹介するような活動を通して英語の音への気づきを育てることは大切であるが，指導者にはそれぞれの音を正しく産出できる力が要求される。

① **言葉遊びと歌**

英語圏では，音節の内部構造をうまく使った音遊び－頭韻遊びと脚韻遊び－がみられる。例えば頭韻（alliteration）を使った諺として，So many men, so many minds. Money makes the mare to go. などがあり，二つとも最初の子音（onset）である /m/ を上手に使い，文をつくっている。脚韻にいたっては英語圏の伝承童謡であるマザーグース，また多くの詩に用いられている。例えば，次の Peas Porridge Hot という童謡のなかにも，hot－pot, cold－old といった脚韻がある。

    Peas Porridge（ソラ豆のおかゆ）
    Peas Porridge ｜hot｜, peas porridge cold,
    Peas porridge in a ｜pot｜ nine days old.

このように幼いころからマザーグースのような童謡を聞いて育つ英語圏の子どもは，自然に onset－rime という音節内部構造について認識を深めていく。Maclean, Bryant and Bradley（1987）は，脚韻が豊富に含まれている童謡に関

する知識と音韻認識能力との間になんらかの関連性はないのだろうかと研究を始めた。彼らは66人の3歳児（平均年齢3歳と4カ月）がもつ童謡に関する知識を測るために、子どもに次のような五つの童謡（「Baa, Baa, Black Sheep」「Humpty Dumpty」「Twinkle, Twinkle, Little Star」「Hickory Dikory Dock」「Jack and Jill」）を知っているかどうかを尋ね、さらに暗誦してもらうように指示した。子どもの音韻認識能力は、脚韻判定テスト、頭韻判定テスト、ライム産出テスト、音素分節テストを使い測定した。その結果、子どもの童謡に関する知識と音韻認識能力には高い相関が見つかった。さらに、同じ子どもたちを2年間追跡調査し、Bryant, Bradley, Maclean, and Crossland（1989）は童謡の知識が2年後の彼らの音韻認識能力を予測する要因であることを報告している。言い換えると、童謡をしっかり歌うことができた子どもは、それを土台にその後、確かな音韻認識能力を身につけていたことがわかったのである。

　Allen-Tamai（2005）は、5歳児（幼稚園年長児）62名を対象に、日本人の子どもたちが英語の童謡を学ぶことからライム認識能力を伸ばすことができるのかを研究した。イギリスの伝承童謡であるマザーグースのなかからHumpty Dumptyを選び、6回にわたる指導の前後でライム能力を測るテストを実施し、その変化を測定した。その結果、幼児はライムを聞き分ける能力を伸ばしていたことがわかった。

　幼児・児童を対象とした英語教育では、英語の音声に慣れ親しませるという観点からマザーグースが用いられることが多いが、以上述べてきたようにリーディング能力の基礎になる音韻認識能力を高めるという観点からも、教材としての価値は高いものと思われる。

　② **頭子音（onset）、ライム（rime）、また音素に対する気づきを高める活動**
　頭子音（onset）、ライム（rime）、および音素に対する気づきを高めるために次のような活動を、適切な視覚教材をともなって行うことができる。
　① 頭子音（onset）がわかる力を伸ばす活動
　　例えば、次のような絵を見せて、そのなかで最初の音（頭子音）が違うものを当てさせる（例：bag, bed, mopのなかでmopだけ異なる）。

② ライム（rime）がわかる力を伸ばす活動

　例えば，次のような絵を見せて，そのなかでライム（rime）が違うものを当てさせる（例：cat, pig, hat のなかで pig だけ異なる）。

③ 単語から音素を取り出す力を伸ばす活動

　言葉のなかから指定された場所の音素を取り出す。例えば，「*goat* の最初の音は何？」とか「five の最後の音は何？」とか尋ねる。

④ 音素を結合し，単語を理解できる力を伸ばす活動

　例えば，「次の音を合わせると，どんな単語になりますか…/k/ /ei/ /k/」などと尋ねる。　　　　　　　　　　　　　　　　　　　〔答：cake〕

⑤ 単語を音素の単位に分ける力を伸ばす活動

　例えば，「ship という言葉に何個音がありますか？」などと尋ねる。

〔答：3個〕

(3) **アルファベット音素活動**　（音素体操）

音素認識指導は文字をともなうと効果的であるという研究報告をすでに紹介したが，アルファベットの認識が不十分な日本人の子どもにフォニックス指導を始めると，認知的，また言語的に負荷が高く，子どもにとっては難しすぎる活動になる可能性がある。しかし，アルファベットを教えながら，音素認識を高める活動を行うことは有意義で，下記のような方法ならば子どもたちの学習

負担も少なく，音素認識指導を行うことができる。

　この活動の目標はアルファベットを学習しながら，音素という音声の最小単位を意識し，それを発音するところにある。下記のように，それぞれのアルファベットの名前に含まれている母音によってグループ分けしたチャートを用意する。ここでは下線や丸を付けることで分けているが，通常は色分けしたチャートを使用している。

音素アルファベットチャート

A	Ⓑ	Ⓒ	Ⓓ	Ⓔ	F	Ⓖ	**H**	I	**J**	**K**	L	M
N	O	Ⓟ	*Q*	R	S	Ⓣ	*U*	Ⓥ	W	X	*Y*	Ⓩ

1. 太文字グループ：
   文字の名前に /ei/ の音が含まれる。(A, H, J, K)
2. 丸で囲まれた文字グループ：
   文字の名前に /i:/ の音が含まれる。(B, C, D, E, G, P, T, V, Z)
3. 下線文字グループ：
   文字の名前に /e/ の音が含まれる。(F, L, M, N, S, X)
4. イタリック体文字グループ：
   文字の名前に /u:/ の音が含まれる。(Q, U, W)
5. 中抜き文字グループ：
   文字の名前に /ai/ の音が含まれる。(I, Y)
6. 普通の文字グループ：
   文字の名前に共通の母音が含まれない。(O, R)

　実際に指導するときは，それぞれの音素にジェスチャーをつけて練習する。例えば，/i:/ という音は両手を横に伸ばすという動作で表す。原則的には上記の /ei/, /i:/, /e/, /u:/, /ai/ 以外の音素は手を叩くことで表すので，B は /bi:/ なので，一つ手拍子をし /b/ と発音し，その後 /i:/ を表すために両手を左右に広げながら /i:/ と発音する。

　この指導で子どもたちは，音素という音の単位を認識するようになり，アルファベットの名前に含まれる英語の音素を学んでいく。音素に分けたアルファベットの言い方に慣れたころ，「今日は /i:/ を言わないで，B, D, P, T を言いましょう」と次の段階に進む。子どもは，/b/, /d/, /p/, /t/ などの音素を意識

的に文字と合わせて学習するようになる。

　この節では，日本人学習者の英語のリーディング能力を高めるためには，初期段階においてアルファベットの学習を徹底させ，さらに音韻認識能力を高める活動を多く行う必要があることを述べてきた。前述したアルファベット知識を伸ばす活動，そして，この節で紹介している音韻認識能力を高める活動は，ルーチン化した活動として毎時間の授業のなかで行い，ゆっくりと確実にその力を育てていくべきである。

　学習環境や学習者の個人差などさまざまな要素はあるが，大文字の理解が定着したころに小文字と音韻認識指導を始めるのが効果的だと筆者は考え，実践している。大文字と小文字を同時に導入する方法を取る指導者もいるが，筆者の場合は，アルファベットを教えるときに，音素認識能力を高める指導を加えるため，大文字と小文字を同時に導入することは負荷が大きすぎると判断し，大文字の形，名前，そして呼応する音素を指導したあとに，小文字を指導している。音韻認識能力を高める活動をする際，文字を見せるとより効果的になるという報告（Ehri et al. 2001）があるが，高学年では文字を提示しながら，音韻認識能力を高める活動をしていくとよいだろう。

3　フォニックス指導

　フォニックスは，前述したように広義には英語で書かれた文字を音声化するすべての方法を意味する（Stahl 2002）といわれているが，一般的には文字とそれに対応する音の関係を意識的に教える方法と解釈される。英語を母語とする学習者，とくに年齢の低い初期学習者に対しては，フォニックス指導が有効であると多くの研究が報告している。つまり，学習者はＳ（s）の文字は /s/ という音をもつと学習し，Ｓ（s）という記号は /es/ という名前と /s/ という音をもつことを学ぶ。この例でわかるように，対応する音は音素レベルの音になる。通常音節（正確にいえばモーラ）単位で音を聞いている日本人にとって音素を意識するにはそれなりの音声への気づきと訓練が必要となる。英語の場合は，単

語を decode する際,最終的に一つひとつの音素に対する気づきが必要になってくるので,phonological awareness というより phonemic awareness と呼ばれることが多い。しかし,音素レベルで音を認識することができない子どもにとっては,フォニックスというのはルールだけを覚えなくてはならない複雑な指導法になることもあるので,フォニックス指導に入る前に十分に phonemic awareness を高める訓練をすることが大切である。

フォニックス指導にはいろいろ種類があるが,筆者は次に示す順番で行っている。

フォニックス指導の順序
(1) アルファベット大文字指導（1文字認識⇒複数文字認識⇒書く）
(2) アルルファベット音素活動（音素運動）
（アルファベットの名前のなかに音が含まれている a, b, c, d, e, f, g, i, j, k, l, m, n, o, p, r, s, t, u, v, x, z に関し,文字と音との関係を教えることができる）
(3) アルファベット小文字指導（1文字認識⇒複数文字認識⇒書く）
(4) アルファベットの名前からは学習できない音と一つの文字で二つの音をもつ文字を教える。(h, q, w, c/k/, g/g/)
(5) rime として短母音と子音の指導 (an, ip, ed, ox, up など)
(6) 短母音と長母音および二重母音 (cap, cape, pet, eagle, cut, cute, pot, rose, cut, cute)
(7) Digraph (ch, sh, ph, th, wh, -ng, ck)

まず,児童はアルファベット大文字の形と名前を習得し,それが完全にできるように指導する。完全にできるようになるとは,学習者がある程度の速さと正確さでアルファベットの文字を理解することができ,さらにコピーではなく,言われたアルファベットを正確に書くことができる力を得ることまでを意味する。

つぎに,前述したアルファベット音素活動（音素体操）に移る。この活動を通し,児童はアルファベットの名前に含まれる英語の音を学び,音素という音の単位を認識するようになる。さらに,音素を意識的に文字と合わせる学習を進めることができるので,通常のフォニックスで扱う多くの子音と長母音,二重母音を教えることができる。

アルファベット音素活動を通して，文字には名前だけではなく音もあるということが意識でき，音と文字との学習がある程度進んだ時点で小文字を導入する。小文字学習も大文字学習同様に，学習者がある程度の速さと正確さでアルファベットの文字を理解することができ，正確に書くことができるようになるまで指導する。児童は大文字の学習と比べると，弁別特徴が少ない小文字の形を記憶することが難しいようで，時間をかけて指導する必要がある。またアルファベット音素認識活動を続け，音素に対する認識を高めるとともにアルファベットの名前からは学習できない文字（h, q, w）の音およびアルファベットの名前以外にも読み方がある文字（c-/k/, g-/g/）を教える。

つぎに，短母音の導入および子音の復習のため，rhyme 指導を始める。英語は，その言語の成り立ちからアルファベットの文字を使う言語のなかでも文字と音との対応が複雑な言語であり，opaque language（音韻的に不透明言語）と呼ばれる。なかでも母音の発音の仕方は，cat, call, car, cake, care に見られるように読み方がさまざまで，51％の一貫性しかないといわれている。しかし，これに対してライムのなかで使われる母音は77％の一貫性をもつといわれている（Treinman その他 1995）。したがってライムを教えることで，英語の基本的な音の構造に対する意識を高め，音から文字への学習の移行をスムーズに行うことができると考えている。そして最後に，短母音と長母音および二重母音の読み方を教えたあと，digraph（二つの文字で一つの音）を教える。

筆者は以前，synthetic approaches に従い，意識的に文字と音素との関係を教え，音素をあわせて単語を読ませようと指導した時期があったが，児童のなかにはそれぞれの文字と音素との対応はなんとか理解できても，音素の操作ができないため，フォニックス指導でつまずく者がいた。しかし，音素の混合や音素への分節，また音素抽出などを練習し，十分な音素認識活動を行うことにより，フォニックス指導を効果的に行うことができるようになった。その経験よりフォニックス指導については，以下のような点に留意する必要があると考える。

①指導の前にアルファベットの知識を十分に育てること。

②指導の前に十分に英語の音素認識を育てること。

③フォニックスはあくまでも単語を音読する一つの方法であり，例外も多いので，あまりに多くのルールを教えこまないようにする。

前述したように，英語は opaque language であるため，フォニックスのルールだけでは到底処理しきれない多くの単語がある。とくに初期の学習者が接する基本的な単語には，簡単なフォニックスルールでは説明できない単語が多い（例：he, she, the, put, have など）。あまりにフォニックスのルールを細かく教えすぎると，児童にとっては負荷が大きすぎて，混乱をまねき，文字を嫌う子どもが出てくる可能性がある。

またフォニックスは，あくまでも decode を助ける一つの方法であり，音読できてもその単語自体を知らなければ何もならないし，リーディング全体の力をつける方法でもない。英語圏においても初期段階でフォニックス指導を行ったあとはホールランゲージ・アプローチに沿った指導へ移行していくことが提唱されている。全体的に英語力をアップする活動をバランスよく取り入れることが大切である（Weaver 1998）。

4　サイトワード指導

Look-say method または whole word method ともいわれ，単語全体を一つのかたまりとして認識し，理解していく方法である。この指導では，単語のスペルを見て素早く反応する力を育てることが大切である。表 2.1 にはサイト・ワード指導でよく教えられる単語のなかでも，筆者のクラスで使用している 58 の単語をのせている。

フォニックス指導およびサイト・ワード指導などを通してある程度の単語が

表2.1　サイト・ワードリスト

the, no, is, on, yes, at, in, I, to, where, does, do, can, my, that, this, have, what, are, am, don't, me, you, see, she, he, go, want, when, like, has, here, there, up, give, down, they, all, get, take, look, good, with, him, her, come, why, many, now, right, play, under, walk, eat, some, we, may, please

読めるようになった子どもには，各ページに数文しか書かれていないような簡単な本（例：Oxford Reading Treeなど）を与え，実際に本を読むという体験をさせていくことも大切である。文を読ませる場合，最初は子どもたちが音声言語で内容を十分に理解しているものを選ぶべきであり，子どもたちがすでに覚えているものを読む教材として使うことが効果的である。そういう観点からすると，既習の歌の歌詞やチャンツの言葉などが最適な教材として考えられる。

このようにボトムアップ的な指導で基礎力を伸ばしていくことは，日本のように英語に接する機会の少ない環境で英語を学習する子どもにとってはとくに重要であり，このセクションではその方法について具体的に述べてきた。アルファベットをしっかり学習し，音韻（素）に気づく力を育てることが，リーディング能力の土台をつくることになる。しかし，このような基礎的な力をドリル練習で育成するとともに英語力を全体的に伸ばす必要があり，そのためにも必要なトップダウン的な指導について，次にみていくことにする。

第4節　日本の初期学習者に対するリーディング指導
——トップダウン的指導——

英語圏でのトップダウン的な指導の代表的な教授法はホールランゲージ・アプローチであるが，これを第二言語教育にも応用しようと試みる学者がいる。Freeman & Freeman (1992) は，第二言語学習者に対するホールランゲージ・アプローチの原則を次のようにまとめている。

1. Lessons should proceed from whole to part.
   （レッスンは全体の学習から部分学習へ。）
2. Lessons should be learner centered because learning is the active construction of knowledge by students.
   （学びは学習者自身が積極的に知識をつくり上げていくことであり，したがって授業の中心は学習者である。）
3. Lessons should have meaning and purpose for students now.

　　　　（授業は彼らの「今」に意味をもち，また役に立つものでなければいけない。）
　4．Lessons should engage groups of students in social interaction.
　　　　（授業では生徒を社会的な交わりのなかに巻き込む。）
　5．Lessons should develop both oral and written language.
　　　　（授業では「音声言語」と「文字言語」を育てる。）
　6．Learning should take place in the first language to build concepts and facilitate the acquisition of English.
　　　　（概念を形成し，英語（第二言語）を学習しやすくするために母語を使用する。）
　7．Lessons that show faith in the learner expand students' potential.
　　　　（学習者の力を信じている授業は，彼らの可能性を広げる。）　(p.7-8)

　ホールランゲージ・アプローチは，リーディング指導を含めた全人的な教育理念である。授業は学習者が中心になり，彼らが主体的に参加できるように運営されている。また，第二言語教育においても，文脈をともなったかたちで言語を提供する重要性を指摘している。

1　日本人の子どもを対象としたホールランゲージ的指導

　Freeman & Freeman は，第二言語習得者に対して前述のように七つの原則を挙げている。筆者はそれらをもとに，自然な英語の摂取量が少ない日本で英語を学習する子どもたちを対象としたトップダウン的な活動には，次のような点が留意されるべきだと考えている。

　原則1：部分ではなく全体を提示することで，授業のなかで意味のある文脈をつくり出すことができるように心がける。

　原則2：子どもたちの興味，関心を把握し，英語を教えるというよりも，彼らの関心事が授業のテーマになり，それを英語で体験的に学習していくような授業づくりを心がける。

　原則3：子どもどうしが自然に関わりあうことができるように，共同と協働が中心になる授業づくりを心がける。

　原則4：音声言語が未発達な状態であるため，音声言語を育てることが重要である。しかし，同時に文字言語の導入を遅らせないように心がける。音声指導と文字指導を対立関係として捉えるのではなく，統合

して指導するように心がける。

このような考え方に基づき，トップダウン的なリーディング指導について具体的に授業活動も含めて説明する。

2 歌

歌は，前述したようにリーディング能力に不可欠とされている音韻認識能力を高めるのにすぐれた教材であるだけでなく，言語力の低い学習者に対して，意味のある文脈のなかで英語をホールで与えることができるという観点からも非常にすぐれた教材である。

例えば，次の Incy Wincy Spider という童謡は，「小さなクモが雨どいを登っていきましたが，雨が降って押し流されてしまいました。でも太陽が出て，すべて乾いたあとに，そのクモは再び雨どいを登り始めました」という意味の歌で，英語圏の子どもたちに好まれている。

> Incy Wincy Spider（小さなクモ）
> Incy Wincy Spider went up the water spout,
> Down came the rain and washed the spider out,
> Out came the sun and dried up all the rain now,
> The Incy Wincy Spider went up the spout again.

この歌には，小さな生き物であるクモでさえ，困難に遭遇したとき，自然の力をうまく利用しながら，諦めずに自分の思いを達成しようとしている姿が描かれている。このように多くの童謡には，ある種のメッセージを含むストーリーがある。言い換えれば，そこにしっかりとした文脈が存在する。この歌も次のような視覚教材をともない，下線のような言葉を添えると，ストーリーテリングとして，さらに文脈を整えて使うことができる。

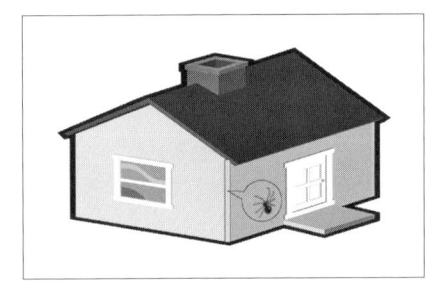

Look at this. I can see a small spider. One day, he tried to climb up the water spout. （歌詞）"Incy Wincy Spider went up the water spout."

Oh! No! It started to rain. （歌詞）"Down came the rain and washed the spider out."

But, don't worry! The sun came out. It started to shine. （歌詞）"Out came the sun and dried up all the rain, now."

He was small but he had great fighting spirit! So, （歌詞）"The Incy Wincy Spid went up the spout again."

また、この歌は、次のようなバージョンをつくり、使用することもできる。

> Incy Wincy Spider went up the water spout,
> Down came the snow and chilled the spider up,
> Out came the sun and melt all the snow now,
> The Incy Wincy Spider went up the spout again.

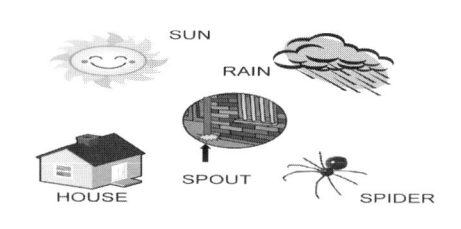

歌う活動を続け、音声言語として十分に定着した教材を、のちに読み教材として与えることができる。その際、子どもは、自分の頭のなかにすでに存在する英語の音を口で出しながら、目ではそれに相当する英語を追っている状態を経験する。これは「擬似的なリーディング活動」であり、筆者はこのような活動が本格的なリーディングへの大きな橋渡しとなり、リーディングへの適切な準備活動だと考えている。

このようなリーディング作業を効果的に進めるには、教材がしっかりと音声的に学習されていることに加え、①大文字が確実に理解できていること、②小文字がかなり理解できていること、そして、③ある程度の音韻認識能力を身につけていることが条件となる。つまり、ある程度のボトムアップ的なスキルが獲得されていることが前提条件となる。

そのような条件が満たされていない学習者に対しては、上記のような単語とその絵をワークシートとして用意し、音声言語が書き文字として表現できることを少しずつ教えるように心がける。

3 チャンツ

チャンツは、もともとは繰り返し唱える詠唱という意味であるが、英語教育においてはメロディーをもたないが、言葉遊び的で、英語のリズムを学ぶのに適した言語教材を意味する。Hand clapping rhymes（手叩き唄）と呼ばれるも

のもあるが，チャンツにもストーリー性をもつものが多く，子どもたちに文脈を通して英語を提供することを可能にしてくれる教材である。例えば，次の伝統的なチャンツは，「Jack と Jill という名前の 2 羽のクロウタドリが岡にいたけれど，Jack が飛んでいき，Jill が飛んでいき，Jack が帰ってきて，Jill が帰ってきたという」内容である。

> Two Little Blackbird（二羽のクロウタドリ）
> Two little blackbirds sitting on a hill,
> One named Jack, and one named Jill,
> Fly away, Jack. Fly away, Jill.
> Come back, Jack. Come back, Jill.

このチャンツを次のような視覚教材を用意し，ストーリーテリングのように提供することができる。

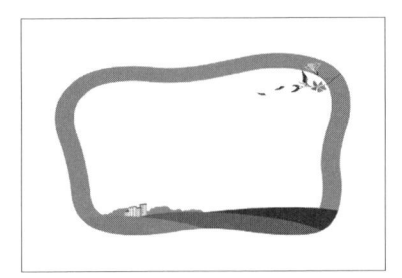

ここでは，岡の絵を土台に鳥が止まっている絵と飛んでいる絵を表裏に描いたペープサートを用意し，ペープサートを表裏と回転させることで sitting on a hill と fly away, come back を表すことができる。

また，チャンツが定着したあと，次のような下線の文を挿入して，ストーリー性を高めることもできる。ここでは狐を例として入れているが，ほかに適切な動物を入れて，楽しむこともできる。

> Two little blackbirds sitting on a hill,
> One named Jack, and one named Jill,
> <u>Here comes a fox. A hungry fox</u>.
> Fly away, Jack. Fly away, Jill.
> <u>Run, run, run. A fox runs away</u>.

Come back, Jack. Come back, Jill.

チャンツも歌同様，子どもの英語の発達に合わせ，歌詞全体，もしくは部分的に「読む活動」の教材として提供することができる。

4 ストーリーテリング

「意味のある文脈」のなかで言語を教えるという観点からすると，物語は最も優れた教材であり，母語教育においても物語の「読み聞かせ」はよく行われている。物語は子どもたちに言葉が育つ豊かな土壌を与え，彼らの言葉の成長を支える。最近，英語教育においてもストーリーテリングは注目されている教え方の一つであるが，ここでまず「ストーリー」と「ストーリーテリング」を定義をしておきたい。

(1) ストーリーとストーリーテリング

次に紹介するのは，アメリカの The National Storytelling Association（全国ストーリーテリング協会）が提案している「story」についての定義である（available at http://www.eldrbarry.net/roos）。

> ①Stories have a specific structure of narrative with a specific style and set of characters and which includes a sense of completeness.
> （ストーリーには Narrative（ナレティブ，ナラティブ）と呼ばれる特別な構造があり，数名の登場人物が出てきて，話に全体的な統一感がある。）
> ②Stories pass on accumulated wisdom, beliefs, and values.
> （ストーリーは昔から育まれた知恵，信念，価値を次世代に伝える。）
> ③Stories are the building blocks of knowledge, the foundation of memory and learning.
> （ストーリーは知識をつくり上げる基礎となり，記憶や学習の礎となる。）
> ④Stories connect us with our humanness and link past, present, and future.
> （私たちはストーリーによって自分のもつ人間性を確認し，過去 – 現在 – 未来を統合してくれる。）

広義の意味であれば，ストーリーは個人が話すすべての話をさし，ゴシップ

やおしゃべりさえも入る。しかし通常，わたしたちが「お話」と呼ぶのは，上記の定義のように一定の登場人物が繰り広げる一連の出来事に，全体的な一貫性のあるテーマが存在する。ストーリーのなかでも英語の初期学習者に適しているのは，「昔話」ではないだろうか。昔話は，話の内容が小さな子どもでもすぐ理解できるようにさまざまな工夫がなされている。

例えば，「桃太郎」では，犬，猿，雉がきび団子をもらう代わりに桃太郎の家来になるというやり取りが3回繰り返される。このように同じことが繰り返されることにより，子どもは安心して「次もきっとこうなる」と期待しながら話を聞く。また，清廉潔白な桃太郎と悪いことばかりする鬼，平安な村と鬼が島，というように登場人物や場所などが対照的に配置されている。このように大きくコントラストをつけることで，少ない言葉でも荒筋が理解できるようになっている。

さらに昔話には，高い文学性が認められる。それは，昔話には多くの隠喩や比喩が使われているからである。そのおかげで，大人でさえも昔話に含まれる人生に対する豊かなメッセージを受け取ることができるのである。例えば，「見てはいけない」と言われたものを見てしまい，「してはいけない」と言われたことをしてしまい，多くの主人公は命を落とす，またはそれに相当する苦難を経験する。「もう二度と知らない人と話さないで」と小人に言われた白雪姫，それでも好奇心に勝てず，継母からの毒りんごを食べてしまい，仮死状態に陥ってしまった。現代でもたくさんの少年，少女が自分の好奇心を抑えることができないために大きな試練を経験する。このような昔話の特質を，河合（1998）は，「荒唐無稽に見えながら，知に満ち，人間の全体性を回復する働きを持つために，時代を超えて語り継がれ，喜んで聞かれてきたと考えられる」（p.183）と評している。

つぎに，ストーリーテリングについてであるが，同じくアメリカのストーリーテリング協会は次のように定義している。

1. Storytelling is an interactive performance art of form.
 （ストーリーテリングは相互的なパフォーマンス芸術である。）

2. Storytelling is, by design, a co-creative process.
   (ストーリーテリングは，話し手と聞き手がともに「話」をつくり上げるように計画されているものである。)
3. Storytelling is, by its nature, personal, interpretive, and uniquely human.
   (ストーリーテリングは，その性質上，パーソナルなものであり，個々人が意味を解釈していく。それは，人間に独特の活動である。)
4. Storytelling is a process, a medium for sharing, interpreting, offering the content and meaning of a story to an audience.
   (ストーリーテリングとは，お話の内容と意味を観客に伝え，観客がそれを「解釈，理解」し，意味を「分かち合う」手段であり，またそのプロセスである。)

以上の定義に照らし合わせると，日本語では「素話」といわれる形態が，ストーリーテリングに相当すると思われる。語り手が，基本的には何も使わず，声と身振りなどで，その場にいる観客に話を伝え，聞き手と話し手が相互に，協力してお話を味わうのである。書き文字が普及していなかった時代，または現在でも書き文字をもたない文化では，このように話を語る人は，「ストーリーテラー」と呼ばれ，それぞれの社会で彼らは知恵者として高い評価を得ている。

ストーリーテリングが言語の発達にどのような影響をもたらすかについてはさまざまな意見があると思うが，筆者は少なくとも次のような七つのよい効果をもたらすと考えている。①集中力を養い，傾聴することを学ぶ，②想像力を養う，③音声言語の理解を高める，④語彙力を高め，明解な言葉の使い方を学ぶ，⑤話の流れ，先を読む力，理解力を高める，⑥記憶力を高める，⑦同じ経験をすることでコミュニティー感覚を得る。①〜⑥は，ストーリーテリングが言語スキルの発達にどのような貢献しているのかを説明しており，説得力のあるものであろう。しかし，これら①〜⑥については，ほかの言語教材でも同様の効果をもたらす可能性があるが，⑦を創り出すことはストーリーテリングにしかできないと思われる。そして筆者は，⑦こそストーリーテリングを教室に導入する理由だと考えている。同じ「語りを聞く体験」を通して一体感を得ることが言語教育において最も大切な要素だと考える。

この一体感は，おそらくストーリーテリングのもたらす臨場感からくるもの

だと考えるが，脇（2008）は「読む」体験と比較し，「ストーリーテリング」のもつ力を次のように説いた。

> 「（お話を聞くときは）出来事のまっただなかに連れ込まれ，そのほかのことは意識にのぼりにくくなります。自分で読むと少しひっかかる不合理な部分も，聞いているときには不思議なくらい気になりません。もうひとつ気がついたのは，昔話にじっと耳を傾けていると，物音，匂い，手触り，身体の感覚などが，じっさいに体験しているかのようにリアルに感じとれるときがある，ということです。」(p.13)

このような言葉の実体験こそが，言葉を育てるうえで，もっといえば，生きるうえで必要だと筆者は考えている。それは第二言語習得においても同様であり，だからこそ子どもたちが信頼する教師が自分の肉声でストーリーテリングすることは，子どものことば（英語）を育てるうえで非常に重要なのである。子どもたちの心と言葉はそのような言葉に反応し，成長していく。

(2) 外国語教育としてのStory-Based Curriculum

昔話は，それ自体がもっている魅力がゆえに英語教育においてもすぐれた教材になるが，実際に昔話を使ってどのようなリテラシー指導ができるのかについて，筆者が行っている指導を少し具体的に紹介したい。ストーリーを中心に図2.4のようにカリキュラムは構成されている。それぞれの活動について，次のセクションで詳しく説明する。

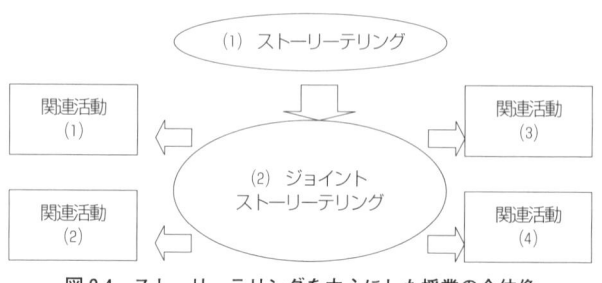

図2.4　ストーリーテリングを中心にした授業の全体像

(3) ストーリーテリング

　前述したようにストーリーテリングとは，基本的には「素話」的な活動であるが，第二言語の場合は，子どもたちは話し手の語りだけでは話の内容を理解できない。まずは，話に合わせた視覚教材が必要となる。また，話の内容を第一言語である日本語で理解していることも，英語のストーリーテリングを成功させるために重要な要素である。ここに「昔話」を利用する意味が出てくる。子どもたちによく知られている「昔話」であると，彼らは話の粗筋をすでに日本語で理解している。つまり話に対するスキーマ，または背景知識を十分に有していることになる。よって，子どもは英語で昔話を聞いているはずなのに話の内容を理解できると思うのである。このような現象を心理学者たちは「mentalese」という言葉を使って説明している（Cameron 2001；p.40）。子どもは，話の内容を理解するとき，言葉以外の認知力，つまり「〜語」と特定されない脳のなかの言葉（mentalese）を使って理解しているのではないかと考えられている。したがって，子どもは英語によるストーリーテリングでも「理解できた」と感じることができるのである。

　この活動の第一目的は，子どもたちに豊かな英語に接する機会を与え，大量の英語を聞くことに慣れさせることである。一つひとつの単語や文法を理解することを求めているわけではなく，全体的に話の内容が理解できれば成功である。子どもに向けられる英語（インプット）は視覚教材や話についてのスキーマがあるおかげで，彼らにとって理解可能なインプット（comprehensible input）になる。理解可能なインプットこそが，第二言語習得にとって最も重要であるとしたのはクラッシャン（Krashen et al 1982）である。子どもたちは，ストーリーテリングを通して多くの comprehensible input を摂取することができ，英語学習を効果的に進めていく。

　しかしながら，この段階では，英語で話を理解できても，話の内容などを話すことはできない。英語の統語や語彙を育て，産出させるためには，注意がそこに向くように，意識的な学習が必要になる。それを補うのが，次のジョイント・ストーリーテリングである。

⑷　ジョイント・ストーリーテリング

　この活動では意識的な言語教育を行い，子どもが英語を発話することを通して英語の知識を定着させるように工夫する。彼らが発話できるレベルに書き直したシナリオを準備し，毎回の授業で少しずつ練習を重ね，最終的には子どもが，教師，または子どもどうしの掛け合いでストーリーテリングできるまでその定着を図る。筆者は，「一人ではできないが，先生や仲間とともにストーリーテリングをする」という意味で，この段階の活動を「ジョイント・ストーリーテリング（Joint Storytelling）」と名づけ，実践している。

　これは聞いているだけのストーリーテリングの段階とは異なり，学習者である子どもに英語を産出する（アウトプット）ように要求する活動である。第二言語習得において，アウトプットの重要性を説いたのは，カナダのイマージョンプログラムの子どもたちの言語発達を研究しているスウェイン（Swain 1993）である。彼女は，インプットだけでは言語能力を身につけることができないとし，学習者自身が言葉を生産する（話す，または書く）ことが重要であると説いた。外国語の力を育てるためには，学習者が自ら外国語を発話することが重要で，彼らは自分で発する言葉を聞き，自らの言葉と目標としている言葉との違いを知ることができる。またそうすることにより，目標言語を深く認識することができると説いた。

　子どもがおおよその意味を理解し，また発話できるようなレベルまで英語の難しさを調整していくが，シナリオを作成するときには，下記のような点に留意している。

　①学習目標である言語材料（表現，文法，語彙，言語機能など）を選択し，それらをシナリオのなかに入れる。
　②原作で使われている音遊びや独特の台詞は尊重し，少し難しくてもそのまま使用する。
　③子どものレベルに合わせて英語を簡素化するが，彼らが言いやすいように台詞を替え歌にしたり，チャンツ風にアレンジを加えたりする。
　④シナリオはダイアローグを中心とし，ナレーションの部分をバランスよく

入れていく。ナレーション部分は日本語にしたり，または教師が担当したりして，児童に言語的な負担がかからないようにする。

ここでは，筆者が使用しているジョイント・ストーリーテリングのシナリオを数点紹介するが，それぞれ子どもが意味のあるディスコースのなかで英語にふれ，それを発話できるように工夫している。

(1) 原作の台詞をそのまま使う例。
　① 『ジャックと豆の木』で巨人が登場する場面
　　Fee, Fi, Fo, Fum.
　　I smell the blood of Englishman.
　　Be he alive or be he dead.
　　I'll ground his bones to make my bread.
　② 『ジンジャーブレッドマン』でジンジャーブレッドが逃げる場面
　　Run, run, run, as fast as you can.
　　You can't catch me.
　　I'm the Gingerbread Man.

(2) 替え歌を使う例
　① 『赤頭巾』で赤頭巾が狼と出会う場面
　　Hello, little girl. How do you do?
　　Hello, Mr. Wolf. How do you do?
　　Hello, little girl. What's your name?
　　Hello, little girl. Where are you going?
　　I am Little Red Riding Hood.
　　I'm going to see my grandmother.
　　（「Peas Porridge Hot」のメロディーで）
　② 『大きなかぶ』
　　　かぶが大きく成長していく場面。
　　I'm a little turnip.
　　Small and round.
　　Here are my leaves.
　　Here is my root.
　　Sunny days, cloudy days, rainy days.
　　I'll be a giant sweet turnip.
　　（「I'm a little teapot」のメロディーで）

(3) 台詞をチャンツ風にアレンジする例
　① 『3匹のコブタ』

狼がコブタを見つけ，食べに行こうとする場面。
狼： I am hungry, very hungry.
Look over there. I can see a pig.
I'll go and eat him!

② 『赤頭巾』
狼がおばあさんの家に行き，中へ入る場面。
狼： Knock, knock, knock.
Is grandma in?
おばあさん： Yes, I'm here.
Who is it, please?
狼： It's me, Grandma.
Little Red Riding Hood.
おばあさん： Come in, my dear.
The door is open.

(5) 関連活動

　ジョイント・ストーリーテリングでは，子どもが内容を理解し，言語産出できるように少しずつ指導する。毎回の授業では，おおよそ10～15分程度をかけて指導を続けるが，その間，選んだ話に関連する活動を行うことができる。選んだ「ストーリー」からどのような社会科的要素，芸術的要素，音楽的要素，体育的要素，理科的要素，数学的要素を取り出すことができるのかを考え，具体的な教室活動案を作成する。つまり，ストーリーに出てくる出来事に関連づけて，教科横断的に活動を考えていくのである。また，ここでも活動を通じてどのような英語を教えることができるのか，導入する言語材料を吟味する。

　例えば，「大きなかぶ」に関連する理科的な活動として「植物のパートを知ろう」という活動をすることができる。授業では簡単な動作を加え，次のような英語を，リズムを取りながら，チャンツ風に練習する。

　　　　　　Where are the roots?　　　　Under the ground.
　　　　　　Where are the flowers?　　　Above the ground.
　　　　　　Where are the leaves?　　　 Above the ground.
　　　　　　Where are the seeds?　　　　In the fruit.
　　　　　　Roots, flowers, leaves and seeds.
　　　　　　Roots, flowers, leaves and seeds.

『The Little Red Hen』もしくは，『ジャックと豆の木』を取り扱うときも植物を題材にすることができる。つぎに，それぞれのストーリーと関連して考えられる活動の例を示す。

(1) 『3匹のコブタ』
　＊世界の家（藁の家，木の家，氷の家，レンガの家—社会）
　＊狼について（理科）
　＊自立について（道徳）
(2) 『おおきなかぶ』
　＊かぶスープ（家庭科）
　＊ロシア（社会科）
　＊植物の成長（理科）
(3) 『ジャックと豆の木』
　＊世界のお城（社会科）
　＊巨人の物語（国語）
　＊ジャックの行為について（道徳）
(4) 『3匹のガラガラドン』
　＊羊とヤギの違い（理科）
　＊世界の橋（社会，算数）
　＊トロルの話（国語）

(6) 物語を使ったリーディング指導

　ジョイント・ストーリーテリングの学習が進み，ある程度の速さで正確に言えるようになったら，その台詞をリーディング教材として提示することができる。歌やチャンツにも同様のことがいえるが，音声的に十分に理解し，産出できる教材を読む活動の教材として利用する。つまり，ジョイント・ストーリーテリングを再利用するのである。ここでは，ジョイント・ストーリーテリングで使用した原稿（または台詞）を用いて，どのようにリーディングやライティングの指導をしているのかを紹介したい。重要なことは，口頭で十分に言えるようになるまでは，文字教材は見せないことであり，トップダウン的な指導の要は orality を十分に育て，その力を使ってリテラシー能力を開発することである。

　子どもたちは，諳んじるまでしっかり学習した言語材料を目で確認していく

過程で，自分の口から出る英語の音にあわせて文字を照合していくのである。この活動が可能なのは，前述したようにある程度のボトムアップ的なスキルを獲得している学習者である。つまり，フォニックス指導の順序（本書92頁）の⑷もしくは⑸のレベルに相当するが，子どもたちは小文字の認識ができ，子音と短母音に関しては文字と音との関連がある程度理解できていることが条件になる。筆者はそのようなレベルにある子どもたちに原稿を見せて次のような指導を行っている。

① センテンス読み

子どもたちに渡す原稿には，右の例のように必ずセンテンスごとに番号を振っている。最初は順番に一緒に読むが，その後センテンスの番号をいい，それに対する英文を読むように指示する。

Joint-Storytelling の例

1. Turnip, turnip.
2. I love turnips.
3. Turnip, turnip.
4. Let's plant a turnip.

例）先生：Read sentence No.4.
　　児童：Let's plant a turnip.

② スペルアウト

単語を言って，子どもたちにスペルアウトさせるか，反対にスペルを言って，どの単語なのかを当てさせる。

例）先生：Please spell "turnip."　　児童：t-u-r-n-i-p
　　先生：What is this word? "l-o-v-e."　　児童：love

③ ダウトゲーム

先生がわざと読み方を間違え，児童はそれに気づいた段階で，手をあげて「doubt」と言う。

例）先生：Turnip, tomato.　　児童：Doubt.
　　先生：I love turnip.　　児童：Doubt.
　　先生：Let's plant a turnip.　　児童：....

上記の最初の例は turnip というところを tomato と言っているので，誤りである。このような誤りは比較がとても簡単なため，児童も笑いながら答える。しかし，2番目の例は複数形のsを取っているのでしっかり聞いていなければ

わからない。ボトムアップ的な指導で個々の音にも慣れてきている児童は，期待した以上にこのような微妙な音の違いも聞き分ける力を獲得しており，正しく答えている。最後の例では，あえて正しい文を言っているが，児童はしっかりそれらを聞き分けており，目で言語材料を確かめることにより，ボトムアップ的な知識をしっかり定着させている。さらに，「あっ，plant a turnipって，aがあったんだ」と，ホールとして聞き流していた部分を自ら気づき訂正する力も身につけていく。文法的な説明はしていないが，文字を見せることで高学年の児童は自らいろいろなことを考え，仮説を立てているようである。

　この節はトップダウン的なリテラシーの指導法について考えてきた。英語を母語とする子どもに対するトップダウン的な指導法とは異なるところが多いが，意味のある文脈を通して英語を獲得していくという原則は同じである。文字言語の土台である音声言語をしっかり育てながら，リーディングの指導をしていくことがきわめて重要である。

第5節　公立小学校におけるリテラシープログラム（実践編）

　この節では，筆者が実際に指導した公立小学校での2年間の活動のなかからリテラシー指導に関するものを紹介する。

1　参加者

　実践を試みた地域では，平成12年度に小学校，また平成13年度に中学校で「学校選択制」が始まった。各学校は「個別学習」「習熟度別学習」「小学校の教科担任制」「中学校の公開授業」「小中連携教育」「小学校での英語教育」などの特色的な教育に取り組み，平成14年度には「外部評価者制度」を導入し，客観的な学校評価を始めた。筆者が関わったA小学校でも，義務教育期間である9年間にわたり子どもたちの成長を責任をもって支えるという考え方から，保護者，地域，議会からの要望に応えるかたちで，平成18年度4月より小中

一貫教育がスタートした。

　A 小学校では，児童は 1 年生のときから週 1 時間以上の英語活動を経験していた。小中の連携を意識し，初めにヒヤリングを重視した授業が行われ，低学年ではとくに耳からのインプットを大切にしていた。研究開発校として指定を受けていたときは，英語学習専用に使える教室が二つあり，また多くの教材が買い揃えられていた。英語科では学年ごとに指導案が作成され，英語担当教員を中心にそれらが積み上げられていた。この指導案を参考に，7 年生（中学校 1 年）の担当教員は小学校から進級してきた生徒が経験した学習内容を知ることができた。小中一貫教育を実施する学園として発足した当初 3 年間は，年間 35 時間と週 2 回（1 回 20 分程度）の朝のステップアップ学習時間を利用し，年間約 70 時間の英語活動の時間が確保されていた。各学年の目標は次のようなものであった。

1・2 年
- 身の回りのものの言葉に親しむ。（聞く・話す）
- 絵カードに単語を併記し，目にふれさせておく。歌の歌詞も掲示する。
- アルファベットを使ったゲームを取り入れる。

3 年
- いろいろな言葉や簡単な文に親しむ。（聞く・話す）
- アルファベットの大文字を中心に，読んだり，並べ替えたりする。
- 身の回りにある英語の言葉集めなどを行う。

4 年
- いろいろな言葉や文に親しむ。（聞く・話す）
- アルファベットの大文字・小文字を読んだり，並べ替えたりする。
- アルファベットの名前と音の関係を知る。（Phonics Jingle やビデオ）

5・6 年
- アルファベットの読み，並べ替え。
- 単語の初めの文字に注目させて，単語の識別を行う。
- 既習の簡単な単語を読む。
- 25 分×週 2 時間　Phonemic Awareness の学習。
- アルファベットの音・言葉集めの学習（毎時間 10 分程度）。

　また，全学年において毎回自己評価がなされ，1～6 年生は毎時間，授業への取り組みを，①進んで話ができた，②話を聞くことができた，③内容が理解

第2章 初期学習者を対象としたリテラシー教育　113

表2.2　参加者の経験した英語の授業時数

	授業数	形　態
1年	2学期より週1回	ALT＋担任＋英語科担当者
2年	週1回：45分	ALT＋担任＋英語科担当者
3年	週1回：45分	ALT＋担任＋英語科担当者
4年	週1回：45分	ALT＋担任＋英語科担当者
5年	週1回：45分 週2回：25分	ALT＋担任＋英語科担当者 著者＋英語科担当（1回），英語科担当者のみ（1回）
6年	週1回：45分 週2回：25分	著者＋英語科担当 ALT＋英語科担当者（1回），英語科担当者のみ（1回）

できた，④友だちと仲良く活動したという四つの観点で，それぞれ3段階で評価し，さらに授業に対する感想や希望を「ふりかえりカード」に書いていた。

　本研究に参加してくれた小学生は，A小学校の5年生であり，彼らは1年生の9月より週1回ALTと担任・英語科担当者によるチーム・ティーチングによる英語の授業を受けていた。

　表2.2は，彼らの授業形態についてまとめたものであるが，5年生以降も週1回のALTとの授業が続き，それに加えて朝のステップアップ学習の時間を使い，週20分×2回の英語学習が始まった。筆者が指導したのは網掛けの部分である。筆者はリテラシー能力を開発することを主目的としたプログラムを作成し，参加者が5年生のときには朝の「ステップ学習時間」を利用し，25分×24回指導に入り，6年生のときには45分×26回の授業を担当した。

2　アルファベット指導プログラム（ボトムアップ的な指導）

　アルファベットの学習に関しては，第3節で述べたように表2.3のような目標のもと2年間かけて確実に定着するように指導した。指導計画を見ても明らかだが，大文字の定着が比較的に早く終わったのに比べ，小文字の定着には時間がかかり，子どもたちは小文字の学習に苦労していた。

　第3節でも説明した方法で，毎回10分から15分ぐらいをかけて，丁寧に指導を重ねていった。また具体的な活動についても簡単に説明をする。

表2.3　アルファベット学習のスケジュール

大文字指導		小文字指導	
5年1学期 25分授業	アルファベットの歌を歌う アルファベットのチャンツ 大文字（1文字）認識 大文字を人文字でつくる 大文字（複数文字）認識 大文字書き取り	5年生2学期 25分授業	アルファベット小文字 大文字と小文字 小文字の書き取り
		6年生1学期	小文字カード並べ
		6年生2学期	小文字書き取り
		6年生3学期	小文字書き取り

アルファベット活動の内容
- 色のついたアルファベットの文字チャートを見せながらアルファベットの歌やチャンツを歌った。その際，アルファベットを通常の順番に言ったり，逆から言ったり，途中から始めたりした。
- 「Making Words」という活動では，動物の絵を見せながら鳴き声とともに，"Meow, meow," says a cat. "Cat" is spelled C–A–T. と単語の綴りを言い，それに合わせて子どもたちは，手持ちのアルファベットカードを机の上に並べた。
- Word Search は 9×10 マス（マスの数は子どもたちのアルファベットの習得度に合わせた）にアルファベット文字がランダムに入っており，そのなかから単語を探すものであり，活動にはペアワークを多く取り入れた。ペアで協力しあうことにより，子どもたちは安心して活動に取り組めたようである。
- 大文字をグループで協力して人文字として表す。
- 小文字を導入する際には大文字と比べ「Same or Different」という活動を行った。これは簡単なもので大文字と小文字が似ている文字（例 C, W, V など）には "same"，反対に大文字と小文字が違うもの（例 A, B, E など）には "different" といわせる活動である。短時間の間に日本語の説明なく same, different の意味を認識させ，アルファベットの形の特徴を改めて意識的に考えさせる活動である。
- 6年の1学期，各児童に小文字チャートと小文字カードを用意し，小文字をチャートの上に並べる活動をウォームアップとして毎回行った。児童は自分の小文字チャートの上にシャッフルした小文字のカードを並べていくが，その際必ずアルファベットの文字を言わせた。子どもは並べ終わると自分のタイムを確かめ，毎回タイムが前回より短くなることを目標とした。彼らは飽きることなく取り組み，繰り返すことで，小文字をしっかり認識できるようになった。

　授業参加者は，筆者の授業を受ける前にも英語の時間である程度のアルファベットの学習経験があったためか，抵抗なく学習に取り組んでいた。また，大

文字学習でしっかりアルファベットの名前と文字を理解した子どもは，小文字の導入に対して抵抗感をもっていなかったようである。しかし，アルファベットの文字認識を確実にするため，大文字には１学期をかけ，小文字には５年生の２，３学期，さらに復習として６年生になっても取り組んだ。このようにゆっくりと取り組んだこと，ゲーム的な要素を取り入れながら楽しく学習できたこと，ペアワークで安心感を与えたこと，また通常のテストではなく児童の行動観察で理解度を測ったことなどが子どもたちのアルファベット学習を援助したと思われる。

指導の効果を検証するためにアルファベット知識を測定するテストを行った。指導を始めた直後と 10 カ月後に大文字のテスト，そして１年後に小文字のテストを行った。同一の大文字テストの得点で Matched-T 検定を行った結果（$t = 2.799, df = 30, p = .009$）と，統計的に指導の前後で有意な差が見つかり，指導の有効性が明らかになった。小文字に関しては，大文字の知識との関連を調べたところ $r = .456$（水準５％で有意）で，中位の相関がみつかった（アレン玉井 2007）。

3　音韻認識能力指導プログラム（ボトムアップ的な指導）

音韻認識能力を意識的に高め，読む力をつけるためには，ある程度アルファベットを知っている必要性がある。しかし，アルファベットのセクションで述べたように，小文字の理解を完全に定着させるためにはかなりの時間がかかるので，小文字の学習が終わるのを待って始めるのではなく，大文字の認識が定着し，小文字が一つずつ認識できるようになったころに導入するのが効果的だ

表 2.4　音韻認識能力を高める活動の目標

	目　標
1	音素という音の単位に気づく
2	音素に親しむ
3	語頭音（onset）を使って英語の音と文字の関係に慣れる
4	脚韻（rhyme）を使って英語の音と文字の関係に慣れる

と考え，そのように実践している。

　参加者は筆者が担当する前からアルファベットの大文字には親しんでいたようであり，また最初のアルファベットテストでも数名の子どもを除くと良い得点を得ていたので，5年生2学期から表2.4のような目標をたて，音韻認識能力を高める活動を始めた。

　具体的には，次のような活動を通して音韻認識能力を高める指導を行った。

- 　最初にローマ字を使い，音素について学習を促した。黒板にba, bi, bu, be, boと書き，子どもたちに「バ」と言わせ，その後「最初の音は？」「最後の音は？」と尋ねた。通常モーラ言語である日本語ではモーラの内部構造である単音（音素）を意識することはない。日本語の音をアルファベット文字で表しているローマ字を効果的に使うことで，音素レベルの音の性質に気づかせることができた。

- 　第3節でも説明した音素アルファベット活動である。アルファベット学習で使った「Same or Different」活動を再び使用し，「x, s, l」をSameとして同じグループに入れ，「t, c, p」をSameとして同じグループに入れ，その理由を考えさせた。音に注意するようにヒントを出すと理解できたようである。アルファベットの名前にはその文字がもつ音が含まれている場合が多く，文字と音とを関連づける学習を進めるうえで，まずは親しみのあるアルファベットを使って行うこの活動は効果的であった。

- 　音素をつなぎ合わせて単語をつくったり（phoneme blending），反対に単語を音素に分解する（phoneme segmentation）活動を行ったりした。子どもたちがよく知っている単語を用意し，黒板などにその絵を貼り，音素で発音したあと，どの単語を言っているのか当てさせるものである。例えば，「/p/ /e/ /n/」とそれぞれ音素を別々に発声したあと，どの絵のことを言っているのか尋ねる。また，反対に単語を音素で分ける活動では，例えばペンの絵を見せて「pen, pen, /p/, /e/, /n/」とリズムをとりながら発声する活動を行った。アルファベットの音がよく認識できるようになっていた子どもたちは，意欲的にこれらの活動に参加していた。

● こちらも第3節で説明したように，Initial sound（頭子音）または Rhyme（ライム）が理解できるように指導した。例えば，「bear, peach, bat, ball, telephone, bus, car」などの絵が描かれているプリントを用意し，「/b/ の音で始まると思ったら手を上げなさい」と指示した。この例では /b/ という音素の気づきを育てるのだが，子どもの反応から彼らの音素に対する気づきが高まっていったのを感じた。

音韻認識能力に関しても，2種類のテストを用意し，指導直後と10ヵ月後に同一テストを実施し，その得点をMatched-T検定で分析した結果，テスト1（$t=2.708, df=32, p=.011$），およびテスト2（$t=4.784, df=32, p=.000$），ともに統計的に指導の前後で有意な差が見つかり，指導が有効であったことが判明した（アレン玉井 2007）。

4 ストーリーを使った指導（トップダウン的な指導）

参加者が5年生のときは指導時間が25分と短かったため，トップダウン的な指導を実行することは難しかったが，一つ「The Three Billy Goats（三匹のガラガラドン）」を教材にしてホール・ランゲージ的な指導を試みた。その教材は，彼らが6年生に進級しても継続して読み教材として使用した。

(1) 「Three Billy Goats」を使ったリーディング指導

2年間に渡った指導であったが，1年目では次のような指導を行った。

①ストーリーテリングを楽しむ
②ジョイント・ストーリーテリングを練習する
③「1年生の前で演じる」という課題を与える
④グループ分け，配役決め
⑤グループ練習

北欧の昔話である「The Three Billy Goats」は参加者の年齢から考えると少し幼稚なものではあるが，内容を知らない者もおり，ストーリーテリングをしたときには，彼らは大きな関心を示した。

第4節で説明したようにジョイント・ストーリーテリングでは学習者である

子どもに英語を産出するように要求するが，それができるように彼らが発話できるレベルに書き直したシナリオを準備した。また，完全に言葉をマスターするために，人前でそれを披露するという場を設けることにし「1年生の前で劇をする」という課題を設定した。

　毎回の授業で少しずつ練習を重ね，「劇を見せよう」という目的を児童にはっきりもたせたうえで学習を続けた。この活動を一緒に体験した小学校の英語担当教員が最も驚いていたことは，長めの文章にしても，歌にしても，丸ごと児童に聞かせ，言わせるようにした筆者の指導方法であった。子どもたちは，最初は言えなかったが，何回か繰り返すうちに，リズムを捉えて言えるようになっていった。小学校教員は「私が指導したら，子どもが覚えられないと思い，細かく一つひとつの単語を教えてしまっただろう」と語っていた。子どもたちは，台詞をチャンク（かたまり）として聞き，言えるようになっていったので，文字を読む段階になっても，そのリズムは崩れることがなく，いわゆる音節ごとにアクセントをおく日本人的な読みにはならなかった。

　また，筆者が指導者として驚いたのは，最初から参加者が渡されたシナリオを読もうと試み，さらにかなり正確に読むことができていたということである。もちろん全部読めるわけではないが，それまでに培っていたアルファベットの知識と音韻認識能力をあわせて，読むことを楽しんでいるようであった。

　筆者の授業では1，2回，全体を通して練習する時間しか取ることができず，合計しても1時間弱（7回×8分）程度の時間しか練習していないことになる。しかし，すべての台詞を録音したテープを作成し，子どもたちには好きな時間にテープを聞いて練習するように指示を出していた。英語の担当教員によると，彼らは発表時の2週間ぐらい前から本格的にテープを聞いて，練習していたそうである。

　参加者が6年生になると，45分の授業時間を担当することになったので，5年生のときに演じるまでして身につけた「The Three Billy Goats」を使用して，下記のように読む活動を展開することを計画した。

　①本の体裁をした原稿を渡す。

②授業で読む練習をする。
③Reading Buddy Project について説明する。
④Reading Buddy Project を行う。

　イラストを入れ，本の体裁にした原稿を用意し，今度は「2年生に読み聞かせをしよう」という目的で読みの練習を始めた。このプロジェクトを Reading Buddy Project と呼んだ。この活動では，英語を読むときに必ず指でなぞり読みをするように指導した。なぞり読みをすることで，子どもは自分が音声化している単語を目で確認し，文字に対する意識をさらに高めるように指導した。参加者は「読めた」という自信がついたようである。

　また，この活動を通して印象的だったのは，聞いただけでは気づかなかった冠詞や複数形等を子ども自身が意識的に正確に読もうとする態度を見せたことであった。参加者のなかには「先生，I'm Troll. でなくて a があるから I'm a Troll. なんだね」と，不定冠詞 a を強く読んで，自分に言い聞かせていた子どもがいた。

　また，Reading Buddy Project はその名のとおり，「本読み仲間」となるが，この場合は年長の子どもが年少の子どもに読み聞かせる活動を通して，両者にリーディングのおもしろさを体験させるという活動である。今回のプロジェクトでは6年生の子ども1人が，2年生の子ども2名に英語で「The Three Billy Goats」を読むというものであった。自分で英語を読むことができても，人に読み聞かせるということは難しいことである。参加者はそれぞれ練習を重ね，2年生の前で英語を読む経験をし，さらに英語を読むことに対して自信を深め，意識を高めたようであった。

　筆者は，文脈を大切にした文字指導を成功させるには，次のようなポイントが重要であると考えている。
①　授業では全体学習からグループ学習へ
　初めはモデルとなる先生の英語または CD など聴覚教材から英語を全体で学習し，全体での学習が定着した段階でグループ学習に移る。

② 単語レベルではなく，句，もしくは文レベルでの練習

　子どもが理解できないと思い，英語を不自然に遅く，または，細かい単位で提示すると，かえって理解が難しくなる。とくにリズムを取る場合は，あまりに単語が少なすぎるとリズムを取ることができない。

③ チャンツや歌の活用

　音声言語を豊かに与え，またそれを学習者のなかに定着させるための工夫として，台詞をチャンツや替え歌にして提示しているが，適切なジェスチャーなどをつけるとさらに記憶の定着がよくなる。

④ 「読める！」という自信

　自信をつけさせるために最も大切なのは，音声言語を十分に定着させることである。そのためにも口頭による練習の際，ある程度の大きさの声で練習させることが重要となる。大きな声で読んで初めて「自分の英語　My English」を聞くことができ，英語を話している自分を意識することができるのである。文字言語を育てるためにはしっかりとした音声言語をもつことが大切である。

⑤ Implicit knowledge から explicit knowledge へ

　参加者が5年生のときには「劇」として，また6年生のときには「読み聞かせ」というかたちで，年少の者に対し自分の英語を披露した。児童は，それまであまり意識しないで培っていた自分の内にある知識を，人の前で発表する機会を得ることで，意識し，よりよいものにするために自らが努力し，使える知識へと変容させていった。この過程こそが学習で一番大切なことであり，子どもたちは学んだものを自分のものとし，「学び」のすばらしさを体験していた。

　この節は，筆者が実際に公立小学校で行ったリテラシープログラムをボトムアップ的指導とトップダウン的指導に分けて紹介した。実際に使用した活動や教材も一緒に説明したので，授業の様子を想像していただけたのではないだろうか。この2年間の指導を受けた参加者が中学校へ進学したとき，担当してい

る中学校の英語教員から「彼ら（参加者）は明らかにほかの学校から来た生徒と比べると読むことに対して非常に積極的である」という評価をもらった。

　筆者は，ここ数年毎年のようにアジアの小学校を訪ね，英語教育の実態を調査している。通常，紹介される学校はモデル的な学校で，それぞれの国のほんの一部分しか見ていないという事実をふまえても，海外の小学校での英語教育の実践を見るたびに，日本は英語教育という観点からすると大きくグローバル化から取り残されたと痛切に感じる。とくに，小学校英語におけるリテラシーの取り扱いについては，日本は他国から大きく引き離され，そこに根本的な姿勢の違いを感じる。

　台北の訪問においては，とくに強くその違いを感じた。訪問した学校に共通していたのは，第一，第二言語にかかわらずリテラシー教育を重視しているという点であった。教員養成に関わっておられる大学教員に，「小学校教育の目的，つまり小学校の先生は何を一番大切にしておられるのでしょうか」と問うと，「私は小学校の教員ではないので」と前置きされながらも「リテラシー教育でしょう」と迷わず答えられた。訪問した小学校でも「Reading is the key.」と強くリテラシー教育の大切さを認識され，すべての教科学習のもとになるリテラシー能力の獲得は学校教育の根幹とされていた。その考えは第二言語の英語学習にも応用され，訪問した私立小学校では年間中国語の本を45冊，英語の本を15冊の合計60冊読むように指導されていた。

　上海でも，子どもたちは早くから英語のリテラシー教育を受けていた。手元に上海の5年生用の統一試験の練習問題があるが　次のようなものである。

> 　Wang Hai is a good student. He studies in a middle school. He gets up at six thirty every day. He goes to school by bike. He comes to school early. He likes Math and English very much. He often reads English stories. He has four classes in the morning. He loves sports. He likes watching TV at six in the evening. He goes to bed at about nine thirty.

　日本では中学校1年生の2学期ぐらいで学習する内容と思われるが，このよ

うな文章を十分に理解できる中学1年生は，日本で果たしてどれだけいるのだろうか。

　筆者は3歳から12歳の子どもたちに英語を教えてきたが，子どもたちが「楽しいだけで終わらず，本当の英語力をつけるため」にどうすればよいのか，また英語が「好き」だけではなく「使える」人に育っていくためにはどうすればよいのかを考えてきた。そして「本当の英語学習のおもしろさを体得するため」にはリテラシー指導が不可欠だという結論に達し，それを実践している。リテラシー能力を発達させないかぎり，いくら音声言語に親しんでもそれは本格的な言葉の力としては残っていかない。また反対に，音声言語が育っていないところでリテラシー能力を育てることは非常に難しい。要するに，子どもたちをSpoken language から Written language へ効果的にシフトさせることが，小学校での英語指導の難しいところであり，またおもしろいところである。日本の小学校英語ではリテラシー教育にはあまり関心が寄せられていないが，「英語ができる日本人」を育成するための英語教育を考えるのであれば，小学校段階からの適切なリテラシー指導は必要になってくるであろう。この分野での研究が進み，理論構築がなされ，それを土台に効果的なリテラシー指導が実践されることを切望する。

【アレン玉井光江】

注
（1）　ピアジェ　　スイスの心理学者。発生的認識論を説く。
（2）　ヴィゴツキー　　ロシアの心理学者。意識の発達について研究。
（3）　デューイ　　アメリカの教育学者。哲学者。

引用・参照文献

Adams, M. J. (1990). *Beginning to read/thinking and learning about print.* Cambridge, MA: The MIT Press.

Allen-Tamai, M. (2000). *Phonological Awareness and Reading Development of Young Japanese English Learners.* Unpublished Ed. D. dissertation. Temple University.

Allen-Tamai, M. (2005). Cross-Linguistic Transfer of Phonological Awareness from Japanese to English. *ALAK (Applied Linguistic Association of Korea) Proceeding,* 138–142.

アレン玉井光江（2006）「小学生のアルファベット知識について」『ARCLE REVIEW』1巻，

pp.72-81.
アレン玉井光江 (2007)「小学生のアルファベット知識の発達と音韻認識能力の関連性について」『ARCLE REVIEW』2巻, pp.112-123.
天野清 (1986)『こどものかな文字の習得過程』東京:秋山書店
ベネッセ教育研究開発センター (2011)『第2回小学校英語に関する基本調査（教員調査）報告書』ベネッセコーポレーション
ベネッセ教育研究開発センター (2010)『第1回中学校英語に関する基本調査報告書』ベネッセコーポレーション
Bryant, P., & Bradley, L. (1985). Phonetic analysis capacity and learning to read. *Nature, 313*, 73-74.
Bryant, P., Bradley, L., MacLean, M., & Crossland, J. (1989). Nursery rhymes, phonological skills and reading. *Journal of Child Language, 16*, 407-428.
Cameron, L. (2001). *Teaching Languages to Young Learners*. Cambridge: Cambridge University Press.
Cisero, C. A., & Royer, J. M. (1995). The development and Cross-Language Transfer of Phonological Awareness. *Contemporary Educational Psychology, 20*, 275-303.
Ehri, L. C., Nune, S. R., Willows, D. M., Schuster, B. V., Yaghoub-Zadeh, Z., & Shanahan, T. (2001). Phonemic awareness instruction helps children learn to read: Evidence from the National Reading Panel's meta-analysis. *Reading Research Quarterly, 36*, 3, 250-287.
Freeman, Y. S., & Freeman D. E. (1992). *Whole Language for Second Language Learners*. Portsmouth, NH: Heineman.
GAICAS (Grammatological Informatics based on Corpora of Asian Scripts アジア書字コーパスに基づく文字情報学) available at http://gicas.jp/
Goswami, U., & East, M. (2000). Rhyme and analogy in beginning reading: Conceptual and methodological issues. *Applied Psycholinguistics, 21*, 163-193.
Hatcher, P. J., Hulme, C., & Ellis, A. W. (1994). Ameliorating early reading failure by integrating the teaching of reading and phonological skills. The phonological linkage hypothesis. *Child Development, 65*, 41-57.
Hu, Chieh-Fang. (2003). Phonological Memory, Phonological Awareness, and Foreign Language Word Learning. *Language Learning, 53*: 3, 429-462.
河合隼雄 (1998)『河合隼雄著作集第5巻 昔話の世界（第二版）』岩波書店
Kirtley, C., Bryant, P., Maclean, M., & Bradley, L. (1989). Rhyme, rime, and the onset of reading. *Journal of Experimental Child Psychology, 48*, 224-245.
窪薗晴夫, 太田聡 (2001)『音韻構造とアクセント』研究社出版
桑原隆 (1992)『ホール・ランゲージ―言葉と子どもと学習米国の言語教育運動』国土社
Krashen, S., Dulay, H., & Burt, M. (1982). *Language Two*. New York: Oxford University

Press.

Lundberg, I., Olofsson, A., & Wall, S. (1980). Reading and spelling skills in the first school year predicted from phonemic awareness skills in kindergarten. *The Scandinavian Journal of Psychology, 21*, 159-173.

Mackay, D. (1972). The structure of words and syllables: Evidence from errors in speech. *Cognitive Psychology, 3*, 210-227

Maclean, M., Bryant, P., & Bradley, L. (1987). Rhymes, nursery rhymes, and reading in early childhood. *Merrill-Palmer Quarterly, 3*(33), 255-281.

McBridge-Chang, C. (1995). What is phonological awareness? *Journal of Educational Psychology, 87*(2), 179-192.

文部科学省(2001)『小学校英語活動実践の手引き』開隆堂

文部科学省(2009a)『英語ノート1』『英語ノート2』開隆堂

文部科学省(2009b)『小学校外国語活動 研修ガイドブック』東京:旺文社

文部科学省(2012)『Hi, friends! 1』『Hi, friends! 2』東京:東京書籍

Snow, C. E., Burns, M. S, & Griffin, P. (1998). *Preventing reading difficulties in young children*. Washington, D.C. :National Academy Press.

Stahl, S. A. (2002). Teaching Phonics and Phonological Awareness. In Neuman, S. B. & Dickinson, D. K. (Eds.) *Handbook of Early Literacy Research* (pp.333-347). New York; The Guilford Press.

Swain, M. (1993). The output hypothesis: Just speaking and writing aren't enough. *The Canadian Modern Language Review 50*, 158-164.

Treiman, R., Tincoff, R., & Rashotte, C. A. (1994). Beyond zebra: Preschoolers' knowledge about letters. *Applied Psycholinguistics 18*, 391-409

脇明子(2008)『物語が生きる力を育てる』岩波書店

Weaver, C. (1998). Toward a balanced approach to reading in C. Weaver (Ed.), *Reconsidering a balanced approach to reading*. Urbana, IL: National Council of Teachers of English.

Yopp, H. K. (1988). The validity and reliability of phonemic awareness tests. *Reading Research Quarterly, 23*. 159-177.

第3章　リテラシーを育てる英語リーディングの指導

　平成23年度から小学校の新学習指導要領が全面実施となり，第5・第6学年で年間35単位時間の「外国語活動」が必修化となった。わが国において初めて，小学校段階で英語にふれる時間が導入されることとなったのである。ここで養われた「素地」を，どう中学校以降のコミュニケーション能力の「基礎」へとつなげていくかという課題は，リテラシーから英語リーディング力へどう育んでいくかという点に通じるものがある。

第1節　日本人の英語リーディング力

1　TOEFL Testによる比較

　TOEFLは，わたしたちが中学―高校―大学で行っている英語教育の目的とは必ずしも合致しないが，北米などの大学に進学する際，世界中で幅広く利用されている。国ごとの平均得点でみると上位の国にはそれほど受験者自体が多くなく，いわゆるエリート層が受験している国もある。2004～2005年の国別受験者数を見ると，中国のように紙媒体のテスト（PBT：Paper-Based Test）の受験者がコンピュータを用いたテスト（CBT：Computer-Based Test）より多いところもある。CBTとPBTの合計人数が1万人以上の国の順位をあげると，1位が韓国（10万3205人），2位が日本（8万6348人），3位が中国（8万5048人）である。この上位3カ国は，必ずしも英語との統語構造などの距離が同じではないものの，地理的にも似通っている。以下に2008年のスコアを比較してみる。

　結果は，日本が合計点および4技能（聞く，話す，読む，書く）のすべてにお

国	Reading	Listening	Speaking	Writing	Total
中国	20	18	18	20	76
日本	16	16	16	18	66
韓国	20	19	18	20	78

いて3カ国中で最下位であった。日本の総合点数の順位は，アジア30カ国中マカオ（Macau）と並んで27位。下にはカンボジア王国（Cambodia, Total 65）とラオス人民民主共和国（Lao People's Democratic Republic, Total 59）の2カ国のみである。カンボジア王国は1953年にフランスから独立，ラオス人民共和国は1949年，フランス連合内の王国として名目上独立，1953年にフランス・ラオス条約により完全独立したという歴史をもつ。

　この結果が，日本人の学習者は読んだり書いたりする力だけがすぐれていて，聞いたり，話したりする力が劣るというのであればまだ理解できる。指導時間のバランスを改善すればよいからである。しかし，どの技能においても力が劣るとなれば，指導および学習方法に課題があり，その改善が急務であることは明らかである。

　また，IIE Networkの2009年11月発表のデータによれば，2008〜2009年にかけてのアメリカの大学・大学院に在籍する留学生は約220カ国から総数67万1616人に上り，前年比7.7％増，全米大学生数の3.7％を占めた（Zikopoulos 2009）。ところが，留学生出身国の上位5カ国は，①インド（10万3260人，前年比9％増），②中国（9万8510人，21％増），③韓国（7万5065人，9％増），④カナダ（2万9697人，2％増），⑤日本（2万9264人，14％減）である。ここ10年ほどの間に，日本からアメリカへの海外留学生が年々減少し，一方で，インド，中国，韓国などの国々からの留学生数が増えている。TOEFLスコアが伸び悩んでいる背景には，こうした状況による影響があると考えられる。

2 PISA調査による比較
(1) PISA調査とは

 おそらく「リテラシー」という言葉がより一般的に用いられ始めたのは，PISA（OECD生徒の学習到達度調査）の結果が広く公開されはじめたころからであろう。PISAは，参加国が共同開発した15歳児を対象とする学習到達度問題である。2000年に最初の本調査が行われ，以降3年ごとに実施されている。主な分野は「読解力」「数学的リテラシー」「科学的リテラシー」の3分野で，2000年調査は32カ国（OECD加盟28カ国，非加盟4カ国），2003年調査は41カ国・地域（OECD加盟30カ国，非加盟11カ国・地域），2006年調査は57カ国・地域（OECD加盟30カ国，非加盟27カ国・地域）が参加し，2006年調査では，約40万人の15歳児が参加した。

 「生きるための知識と技能：OECD生徒の学習到達度調査（PISA）2000年調査国際結果報告書」によれば，「読解リテラシー（読解力）」の定義は，次のとおりである（国立教育政策研究所編 2002）。

> 自らの目標を達成し，自らの知識と可能性を発達させ，効果的に社会に参加するために，書かれたテキストを理解し，利用し，熟考する能力。

 また，問題で扱う側面は，次の三つである。

> ①読むテキストの形式（〈内容〉または〈構成〉）：テキストには，物語，論説，推理などの散文形式の「連続テキスト」と，表，図，ダイアグラムなど散文とは別の方法で情報を提供する「非連続テキスト」とがある。
> ②読む行為のタイプ（〈プロセス〉）：PISAでは"読むために学ぶこと"よりも"学ぶために読む"ことに焦点を当て「情報の取り出し」「一般的なレベルでのテキストの理解」「テキストの解釈」および「テキストの内容と形式の熟考」といった側面について評価する。
> ③テキストが作成される用途，場面，状況（〈状況〉）：私的な用途，公的な用途，職業的な用途，教育的な用途などの状況のいずれか，またはすべてにおいて，テキストを用いること。

 これは従来のリーディング（reading）が，単に印刷された文字を，暗号解読

のように意味を理解したり，音読するような行為をさすことが多いのに対して，PISA調査では，印刷されているテキストから情報を得て，それをある目的のために活用することをさしている。リテラシーを単なる「識字」と捉える場合と大きく異なっている。また読解を「相互作用的」と捉え，「読み手は，テキストに連動して自分の考えや経験を呼び起こす」と考えられている。この捉え方は，英語教育でしばしば応用されるスキーマ理論や状況モデルの考え方と一致する。

(2) PISAによる読解リテラシー比較

2000年から3年ごとに行われた調査結果を2006年までみてみると，日本は2000年調査では10位までに入っていたものの（8位），2003年14位，2006年15位と順位を下げている。2006年の結果では，日本の平均得点は1位の韓国から9位のポーランドまでの9カ国の平均点より統計的に有意に低い。2006年調査には2003年調査と同一の読解力問題28題が出題されているが，日本の成績は，2003年調査の62％から，2006年は60％と2ポイントほど低下している。この日本の成績のなかで2003年と2006年で5ポイント以上正答率が変化した問題は7題あるが，逆に正答率が上がったのはわずか1題のみで，残りの6題は低下している（国立教育政策研究所 2007）。

PISA調査では「読解力」「数学的リテラシー」「科学的リテラシー」の三つの分野のうち，どれか一つを順に中心分野として設定しているが，「読解リテラシー（読解力）」は2000年の中心分野であり，「情報の取り出し」「解釈」「熟考・評価」の三つの読解力の側面について検証している。

日本は，「情報の取り出し」および「解釈」は1位のフィンランドと有意差があり第2グループに位置するが，「熟考・評価」は1位のカナダとも有意差がない。このように，「日本の生徒はどちらかといえば読解力〈熟考・評価〉で測定した知識・技能，すなわちテキストに書かれていることを自分の知識や考え方，経験と結びつけるといった能力において優れている」と解釈できる（国立教育政策研究所 2002）。

第2節　読解力の問題なのか，英語力の問題なのか

　Alderson（1984）は「外国語のリーディングは，読解力の問題なのか，それとも，その外国語の能力の問題なのか（Reading in a foreign language: a reading problem or a language problem?）」と問題提起をした。そして，ともに外国語のリーディングに影響しうるものであるが，その外国語の言語能力が低い場合は，言語能力がとくに問題となると論じた。すなわち言語能力が不足していると，母語ですぐれた読み手であったとしても，外国語のリーディングにおいてはすぐれた読み手にはならないのである。これは母語でのリーディングスキルが外国語のリーディングに転移するためには，ある程度の言語能力が必要であるということである。これが言語閾値仮説／しきい仮説（threshold hypothesis）であり，転移が成立するための一定の言語力を言語閾値レベル／しきいレベル（threshold level）と呼ぶ。この仮説は，母語の読解能力が外国語のリーディング能力にも影響を与えるという言語相互依存仮説（Linguistic Interdependence Hypothesis）と並び，有力な仮説である。以下でAlderson（1984）の主張と仮説について詳しくみていくこととする。

1　外国語で読めない原因

　Alderson（1984）は，外国語として英語を読む学習者について，伝統的に次の二つの対照的な見方があると指摘した。
① 外国語のリーディングの成功は読み手の英語レベルよりもむしろ母語のリーディング能力に左右される。
② 外国語のリーディングに関する問題は，その言語の知識が不完全であるために起こる。

そして，Alderson（1984）は次のような相反する二つの仮説を立てて検証した。
① 外国語のリーディングがうまくいかないのは，母語のリーディング能力がすぐれていないからである。すなわち，母語においても不得手な読み手

は外国語も読むのが不得手であり，母語の上手な読み手は外国語も上手に読むことができる。
② 外国語のリーディングが不得手な読み手は，その外国語の言語知識が不十分である。

その後，Alderson 自身によって修正が加えられ，次のような仮説となった。
① 外国語のリーディングが不得手なのは，誤ったリーディングストラテジーのせいであり，それは母語のリーディングストラテジーとは異なるものである。
② 外国語のリーディングが不得手なのは，母語のリーディングストラテジーが外国語において使用されていないためであり，それは外国語の言語知識が不足しているせいである。母語でリーディングが上手な学習者は，一度，能力閾値を超えれば，外国語においても上手な読みができる。

Alderson（1984）のこの仮説については，いまだに満足する解答を出すことができていない。これは，第一言語（L1）読解力と第二言語（L2）読解力についての情報，同一個人の L2 熟達度についての情報が不十分であるためであるとされている。しかし，外国語のリーディングと母語のリーディングにおいて共通する読解プロセスやスキル，ストラテジーが多いのは事実であり，一方，外国語のリーディング指導においては，初級者のリーディングにおける言語処理の負担は大きく，その要因に対する具体的な指導が求められているのはいうまでもない。

2 言語閾値仮説／しきい仮説

外国語のリーディングにおける，母語の読解力の役割については上述の二つの仮説がある。一つは，上記の言語閾値仮説であり，外国語の熟達度の不足から（すなわち，しきいレベルを満たしていないために），母語の読解ストラテジーが，外国語のリーディングにおいて有効に働かないという仮説である。Bernhardt and Kamil（1995）では，学習者の L2 熟達度（$r=0.30-0.38$）のほうが，母語での読解能力（$r=0.10-0.16$）よりも L2 読解により影響を与えるとの結果が示さ

れた。また，Taillefer（1996）の実験でもL2熟達度がL2読解の35％を説明するとし，この言語閾値仮説を支持するものとなっている。

　Cummins（1979）は，フランス語と英語のバイリンガルの子どもの研究結果から，バランスの取れたバイリンガリズムの正の効果は，L2能力のしきいレベルに達しないかぎり現れないと説明した。またリーディングにおいては，Clarke（1978, 1980）が"L2の低い言語能力がL2で書かれたテキストを読む場合に阻害する"ことを明らかにし，Carrell（1988）が"L2の読み手がL1で養ったリーディングのスキルやそれに役立つ背景知識などを外国語のリーディングに応用する際には，しきいのレベルに到達しなくてはならない"としている。

　この仮説では，外国語の熟達度が下位レベルの読み手は，母語のリーディング能力と外国語のリーディング能力に有意な相関が見られないが，言語閾値に達すると，有意な相関が見られるようになり，外国語の言語能力が向上するに従って，母語と外国語のリーディング能力の相関が強くなっていくとされる。

　読み手は，初期の段階では文字を認識する段階から，母語のリーディング処理プロセスをすべて利用できる段階にいたるまで徐々に発達するなかで，とくに初級者は，背景知識を有効利用するための言語能力を必要とし，上級の読み手は，母語話者並みにbottom-up処理の自動化におけるしきいレベルが求められる。

　残念ながら，すべての研究においてこのような結果が示されておらず，L2言語能力が高くなっても，相関が有意に見られない場合もある。たとえば，バイリンガル（2言語使用者）を対象にした研究も多いが，そのバイリンガルについての定義が広く　外国語の初級者から完全2言語使用者まで含んでいるもの。母語であれば，そのリーディング能力が一定であるとおおまかに捉えているもの。さらには，研究のデザインやサンプルサイズなど，研究間にばらつきが見られ統一性がないことも要因である。

　この閾値仮説については，背景知識に関する研究であるためやや限定的ではあるが，Clapham（1996）の指摘が興味深い。すなわち，文法テストにおいて得点率が60％以下であれば，背景知識が十分にあっても外国語のリーディン

グにおいて，テキストの理解は難しい。また80％以上であれば，たとえ背景知識がなくてもテキストの理解はできるというものである。したがって，リーディングにおいて背景知識の影響があると一般にいわれているが，それが本当に当てはまるのは文法テストにおいて60～80％の得点を挙げる層だけである。

3　リーディングにおける閾値

　読み手があるテキストを読んで記憶に残ったものを心的表象（mental representation）というが，それを構築するスキルの転移が，L2読解熟達度と関連があるのかを検証した研究に Walter（2004）がある。フランス語の母語話者を対象とした研究の概要を以下に紹介する。

　母語のリーディングにおいては，理解と一貫した心的表象やテキスト構造の構築が関連しているという考えは一般的なものであり，Gernsbacher's "structure building" model では，次のようにプロセスが仮定されている（Gernsbacher & Foertsch 1999）。

① 節や文章のはじめに構造の出発点がある。
② 読み手が関連があると考えるかぎり，その次に続く情報は①の構造にマッピングされる。
③ 上記②のプロセスは階層的に続き，関連ある下位構造は別の下位構造とマッピングされる。
④ もし，次の情報がそれまでの構造と関連がないと判断された場合には，別の構造もしくは下位構造がはじめられる。

　熟達した読み手は，文章を読みながら，関連のない意味を抑制し，広大で一貫性のある階層的な構造を構築する。そこで新しい要素が統合されるごとに，既出の関連ある要素が活性化されていく。何度も活性化される要素は当然，読み終えたあとにも想起されやすい。

　また，外国語のリーディングにおいては，文章を読むのが難しいかどうかはテキストと読み手のレベルの相対的な問題であるので，テキストの難易度と読み手の熟達度が一致していれば，読み手は文ごとにうまく処理していける。そ

して，読んだ直後にその内容を想起することができる。しかし，熟達していない読み手は，一貫性のある心的表象を構築できず，テキストにおいて比較的距離のある要素を想起することができない。

このような考えのもとに，co-reference resolution（代名詞，代動詞とその先行詞など）の理解や，読んだ内容についてどれだけ正確に（テキストを見ないで）思い出せるかなどの手法を用いて，心的表象の構築のスキル転移が成功しているかどうかを検証した。

その結果，心的表象の構築スキルの転移は，L2読解熟達度と関連があることが支持された。心的表象の構築に成功する読み手は，L1においてもL2においても同様に構築スキルが使用できること，そしてL2における心的表象に優れていると，L2読解にもすぐれることが示された。また，あわせて，読解力（心的表象の構築スキル）のL1からL2への転移が，L2のワーキングメモリスパンの発達と関連があるとする仮説についても支持された。この結果から，母語から外国語への読解力の転移における重要な要因の一つが，心的表象の構築スキルの転移であると考えられる。そしてこの転移は，L2におけるワーキングメモリの発達と関連があるとされ，これらの結果は，リーディングにおいて，どのような閾値が問題となるのかについての答えとなった。

第3節　リーディングにおける語彙知識の役割

1　語彙知識の「広さ」「深さ」

一つの単語を「知っている」とは，どういうことだろうか。例えば，wearという単語を知っているかどうかと尋ねられた場合，どのように答えるだろうか。おそらく，wearは「衣服」や「着る」という意味だと知っているから「知っている」と答える人もいれば，wearには「衣服・着る」という意味のほかに何かあると思ったが別の意味がわからないので「知らない」と答える人もいるだろう。また，wear a hatやwear shoesのように袖を通す服以外にも使うことを知っているから「よく知っている」と答える人もいるだろうし，意味は

知っているが使いたいときに出てこないから「知らない」と答える人もいるだろう。このように，単語を「知っている」ことの定義はとても複雑である。

多くの研究者が語彙知識の側面についてさまざまな分類を行っているが（Daller, Milton, & Treffers-Daller 2007；Henriksen 1999；Nation 1990, 2001, 2007；Read 2004），総合すると大きく「広さ（breadth/size）」と「深さ（depth）」の二つの側面に分けることができる。語彙知識の「広さ」は，単純に「単語をいくつ知っているか」で示される。広さを測るテストとして Nation（1990, 2001）の Vocabulary Levels Test や望月（1998）の語彙サイズテストなどが幅広く用いられているが，どちらも単語の一つの意味や定義を知っているかどうかを問う形式である。もう一つの側面である，「深さ」は一つの単語をどの程度よく知っているかで示される。例えば，Read（2004, pp.211-212）は語彙知識の側面を(a) precision of meaning, (b) comprehensive word knowledge, (c) network knowledge の三つの側面に分類しており，これらはどの程度深く単語を知っているかを示す指標である。上記の(a)は一つの語について限定的で曖昧な情報しかもたない状態から，より精緻で詳細に渡る情報をもった状態までの知識の程度，(b)は単語の書記，音韻，統語，コロケーションなどについての理解，そして(c)は語彙情報が保持されている心的辞書（mental lexicon）内でどのような単語と結びつけられているかを示している。語彙知識の深さを測定するテストとして広く用いられているものに Read（1993）によって開発された Word Association Test（WAT）や Paribakht and Wesche（1997）の Vocabulary Knowledge Scale（VKT）がある。

前者の Word Association Test は，ある単語につき選択肢が7～8個与えられ，類義語とその語の意味の一部を表すもの，およびその語とコロケーション関係にあるものをそのなかから選ばせる形式になっている。解答は3語ないしは4語と決められている。このテスト法は改良を繰り返し，現在使われているものはターゲットを40語に限定し，その意味的（paradigmatic）な知識と統語的（syntagmatic）な知識を測定するものが広く使われている。

後者の Paribakht and Wesche（1997）による Vocabulary Knowledge Scale

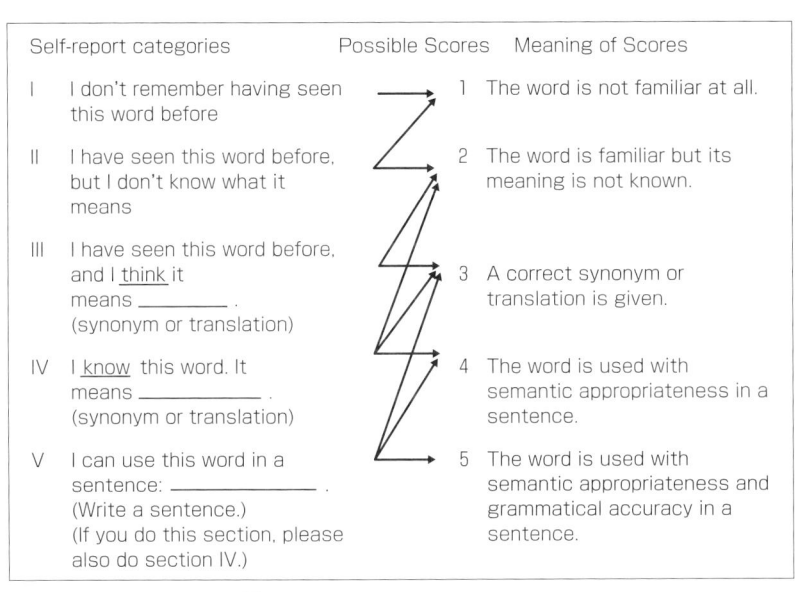

Self-report categories	Possible Scores	Meaning of Scores
I I don't remember having seen this word before	1	The word is not familiar at all.
II I have seen this word before, but I don't know what it means	2	The word is familiar but its meaning is not known.
III I have seen this word before, and I <u>think</u> it means _____ . (synonym or translation)	3	A correct synonym or translation is given.
IV I <u>know</u> this word. It means _____ . (synonym or translation)	4	The word is used with semantic appropriateness in a sentence.
V I can use this word in a sentence: _____ . (Write a sentence.) (If you do this section, please also do section IV.)	5	The word is used with semantic appropriateness and grammatical accuracy in a sentence.

図 3.1　Vocabulary knowledge scale

はテスト受験者に対して提示された語について図3.1にあるような5段階の自己報告を求めるものである。この測定方法を見ると，語彙知識の深さには「意味を知っている」という「広さ」でも用いられる指標が含まれていることがわかる。つまり，深さのレベルが5段階中の3番目にあれば広さに含まれる単語の一つにカウントされることになるのである。このように，「広さ」と「深さ」の側面はまったく別の側面ではなく，関連しあう側面なのである。

　これらの側面が読解能力とどの程度の関連をもつかについても，多くの研究がなされてきた（Akase 2005；Noro 2002；Qian 1999, 2002；Qian & Schedl 2004）。例えば，Qian (1999) は中国人と韓国人英語学習者の語彙知識を測定し，語彙サイズと英文理解には強い相関（$r=.78$）があること，同じように語彙知識の深さと英文理解にも強い相関（$r=.82$）があることを示した。彼は，2002年の研究でもさまざまな学習背景をもつ学習者（韓国語話者，日本語話者，スペイン語話者，中国語話者，タジク語話者，アラビア語話者，ポルトガル語話者，ロシア語話者，

イタリア語話者，その他の 10 言語の話者）を対象に検証を行っているが，英文読解と語彙知識の広さや深さには強い相関がある（$r=.70-.77$）という同様の結果を示している。語彙知識の「広さ」「深さ」との関連だけに目を向けると，日本では Noro（2002）や Akase（2005）が検証を行い，それぞれ中程度から強い相関（$r=.694, r=.549$）があると結論づけている。

このように，語彙知識の「広さ」と「深さ」は強く関連していることがわかるが，「深さ」の側面には「広さ」にはない特徴がある。Vocabulary Knowledge Scale（Paribakht & Wesche 1997）の分類からもわかるように，「深さ」はまったく知らないという状態から文内で意味や統語的に正しく使える状態までの連続だと捉えることができる。つまり，深さには見てわかる，聞いてわかるという受容知識（receptive knowledge）と使うことができるという発表知識（productive knowledge）の側面が含まれるのである。

2　受容知識と発表知識

もう一度，語彙知識の側面の分類方法に目を向けよう。「広さ」は単純に意味を知っているかどうかで測定されることが多く，「深さ」は見たことがあるかどうかという浅いレベルから，その単語を実際に使用することができるかどうかという深いレベルまで，いくつもの層に分かれている。しかし，「見てわかる」という受容知識のレベルから「使うことができる」という発表知識のレベルがこの「深さ」を定義づけるかというとそうとはかぎらない。

Nation（2001）は，語彙の形式（form），意味（meaning），そして用法（use）に関する知識について，話し言葉（spoken）や語連想（association）やコロケーション（collocations）などの三つの下位区分を設け，それぞれの側面について受容知識（R）と発表知識（P）をどのように問うことができるかを表に示している（表 3.1 参照）。

例えば，単語の形式についての知識であっても，「dog」と発音されたときに dog という綴りと発音が一致しているかどうかを判断するような受容知識や，それがどのように書かれているかを dog, fog, dot から選ぶための受容知識もあ

表 3.1　語彙知識の側面に関する質問

Form	Spoken	R	What does the word sound like?
		P	How is the word pronounced?
	Written	R	What does the word look like?
		P	How is the word written and spelled?
	Word parts	R	What parts are recognized in this word?
		P	What word parts are needed to express the meaning?
Meaning	Form and meaning	R	What meaning does this word form signal?
		P	What word form can be used to express this meaning?
	Concept and referents	R	What is included in the concept?
		P	What items can the concept refer to?
	Associations	R	What other words does this make us think of?
		P	What other words could we use instead of this one?
Use	Grammatical functions	R	In what patterns does the word occur?
		P	In what patterns must we use this word?
	Collocations	R	What words or types of words occur with this one?
		P	What words or types of words must we use with this one?
	Constraints on use	R	Where, when, and how often would we expect to meet this word?
		P	Where, when, and how often can we use this word?

出所：Nation（2001, p.27）による

れば，発音を聞いて dog と書くという発表知識に分類できることを示している。「形式」についての知識も受容知識と発表知識に分かれ，受容知識も Yes-No で判断する力と選択肢から選ぶ力に分かれるというように，知識は際限なく細分化されてしまう。そこで大きく「広さと深さ（breadth and depth）」に分類するのである。この2軸の分類に加え，近年の研究では「流暢さ（fluency）」を語彙知識の三つ目の側面として含めている研究もある。

3　語彙へのアクセス

次の図 3.2 は Daller, Milton, and Treffers-Daller（2007, p.8）が挙げた語彙知識の側面を示す座標である。

```
         fluency
          ↗
breadth
←——————+
        |
        |
        ↓
      depth
```

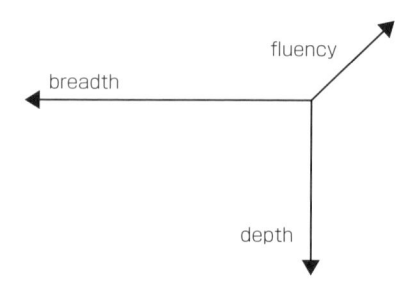

図 3.2　The lexical space: dimensions of word knowledge and ability

　横に伸びた矢印は語彙知識の広さを示し，縦に伸びる矢印は深さを示している。そして斜め上方向へと向かう矢印が三つ目の側面として挙げられる「流暢さ」である。これは「知っている単語の情報をいかに素早く，そして自動的に用いることができるか（how rapidly and automatically a learner is able to use the words they know and the information they have on the use of these words）」を意味している（Daller, Milton, & Treffers-Daller 2007, pp.8-9）。

　ほかの章でも述べられているように，子どもの言語習得（とくに第一言語の習得）では，音声言語の理解が先に立ち，文字の理解は音声言語で知る意味と文字情報を結びつける（form meaning connection）段階が起こると考えられている。しかし，日常的に対象言語の音声にふれる機会の少ない外国語としての学習環境においては，文字情報から新たな知識を得る機会のほうが多い。つまり，書記情報をいかにして既有概念へと結びつけるかが重要である。その一つの指標として，語彙アクセスの流暢さを挙げることができる。リーディングにおける語彙アクセスの重要さは上位レベル処理と下位レベル処理の関係から論じられている。

　リーディングは単語の理解，文構造の理解，登場人物の感情の読み取りや，文章のメインアイデアの理解にいたるまで，さまざまな認知活動を必要とする複雑なプロセスである。Nassaji（2003）は，アルファベットを単語として認知し，その意味を理解するというような下位レベル処理能力（low-level processing abilities），統語情報や意味情報，談話理解のような高次のレベルのスキル（high-level skills），そして，テキスト表象の構築や読み手のもつ背景知識とテキスト情報との統合というように，より高次の知識や処理（higher-order knowledge）がリーディングに含まれると述べている。この3分類に基づくと，本節で議論してきた語彙知識や語彙アクセスは下位レベル処理能力に含まれる。このような下位レベル処理能力が十分に発達していない場合，読み手は背景知識に依存した読み方をしたり，時間をかけて一語一句を解読していく非効率的な読み方をしたりせざるを得ない。また，ある単語につまずいている間に，それまでに読み取った情報を忘れてしまい，再度読み返さなければならないという状況に陥ってしまう。

非効率な下位レベルの処理によって，より大きな範囲の情報間の統合が阻害されたり，それまでに読んだ内容が保持されずに忘却されてしまったりする現象を説明するメカニズムとしてワーキングメモリ（working memory）とその容量（working memory capacity）の問題がある。

4　ワーキングメモリにおける処理と保持

ワーキングメモリは短期記憶（short-term memory）や長期記憶（long-term memory）の二重貯蔵庫モデルだけでは説明できない症例についての問題点を解決するために提唱された概念である。図3.3はBaddeley（2000）で提案されているワーキングメモリのモデルである。

ワーキングメモリは，例えば，980円の本を3割引で売っているのを見て，980円の3割はいくらになるかを計算するような状況でも使われている。この場合，多くの人は980円の1割が98円であることを瞬時に計算できるだろう。しかし，3割となると，98×3という計算が待っている。暗算を行う場合には，一の位の計算である8×3の結果の24を保持しつつ十の位の計算である90×3を処理しなければならない。さらに保持していた24と計算結果の270を足すという処理も最後に必要となる。メモをとることができれば簡単な計算も，これらの「処理」と「保持」の並列作業を頭のなかだけで行うとなると，とても複雑である。文章理解においてもこのような情報の「処理」と「保持」の二

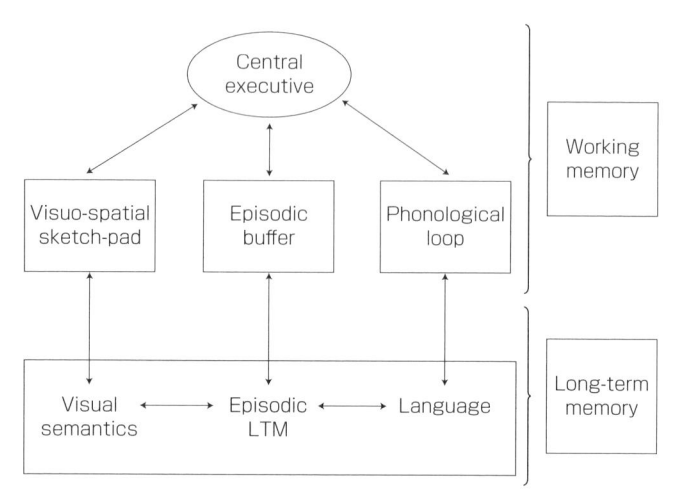

図3.3 Baddeley（2000）におけるワーキングメモリのモデル

つのプロセスを並行して行うことが必要である。つまり，リーディングでは，前文までに書かれていた情報を保持しつつ次の情報を処理するという並列作業が絶えず繰り返されているのである。

　このワーキングメモリには，個人差はあるものの容量制限があり，読み手はその制限内で処理資源を「処理」と「保持」に割り当てなければならない。つまり，「処理」に処理資源を多く割けば「保持」に処理資源を割り当てることができず，反対に「保持」に多くの資源を割くと，「処理」に資源を割り当てられない。つまり，「処理」と「保持」はトレードオフ（trade-off）の関係にあるのである。そして，この処理資源は下位レベル処理に優先して使用されるといわれている（Just & Carpenter 1992）。語彙処理のような下位レベルの処理能力が発達していない読み手の場合には，メインアイデアなどの非明示的な情報の理解が困難となることが多いが，それはそれまでに読んだ内容の保持や統合に割ける処理資源が少ないためである。一方，下位レベルの処理が自動化されることにより，ワーキングメモリに負荷を与えない load independent な状態となる（DeKeyster 2001）。このような下位レベル処理の自動化が，多くのワー

キングメモリ容量を上位レベル処理に割り当てるために必要なのである（Nassaji 2002）。

5 文章理解における語彙認知

　文章を読む際，どんなに流暢な読み手であっても名詞や動詞などの情報量を多くもつ内容語（content word）の場合にはその8割が注視を受けており，冠詞や前置詞などの文法的な役割をもつ機能語（function word）も，その4割は飛ばさずに注視されていることがわかっている。つまり，読み手はほとんどの語を読み飛ばさずに視野に入れているのである。では，それぞれの語にはどの程度の時間，注意が向けられているのであろうか。語彙アクセスにかかる時間や読み手が文の理解を行う際に新しい語彙情報を概念表象や構造表象などにどう組み込むかに影響を与える要因にはさまざまなものがある。Boland（2004）は単語の頻度，長さ，予測可能性，文への統合のしやすさなどを挙げ，これらの要因が，読み手がある単語に注視しているかどうかや，もし注視している場合はどのくらいその注視が維持されているかに影響を及ぼすと述べている。

　通常，読解中の読み手の視点は紙の上を文字の書かれた行を追って線状に動くのではなく，サッカード（saccade）と呼ばれる小さなジャンプを繰り返しながら進んでいくことが多くの研究によって示されている。読解時間の約90％は文字上に視点がおかれている固視時間である。典型的な読み手の場合，1秒間に3～4回（計20～40ミリ秒間）サッカードを行い，各固視時間は200-400msである（Carreiras & Clifton 2004）。

　また，瞬時に意味へアクセスする場合には文脈の役割が重要である。例えば複数の意味をもつ単語の場合には，どちらの意味で使用されているかを理解するためには，その語が使用されている前後の文脈の理解が不可欠である。実際に，単語の理解において，先行して与えられた文脈情報から次に提示される単語が予測されることを示す研究もある。例えば，さまざまなものが置かれている部屋のなかで *The boy will eat the...* と聞いた場合には，次の名詞が認知されるよりも早く，食べ物に視点を動かすことが示されている（McDonald & Shillcock 2004)。これとは別に，Carreiras and Clifton（2004, p.6）は *Tom used to take his toast with butter.* という例文を出している。この例文の場合，最後の単語は文脈に合致しており，素早い処理が可能となる。しかし，もしこの最後の単語が socks となっている場合には文脈との意味の整合性が欠如しているため処理が困難となるのである。この意味処理の難しさの指標として，事象関連電位（event-related potentials：ERP）を用いた研究では N400 という，陰性電位の増加が挙げられている（van Berkum 2004）。これは頭皮上中心部，頭頂中心部に優勢に分布する陰性電位であり，提示された文のなかに意味的におかしな単語が含まれている場合，その単語が提示された約 400ms 後に現れる。この振幅（amplitude）は，出てきた単語を先行文脈に統合するのが簡単か難しいかどうかによって変化し，先行文脈の上位の表象に容易に統合できるときに減少する。一方，*The horse raced past the barn fell.* のように，統語的処理が困難であるガーデンパス文を読む場合には，P600 という陽性電位の増加がみられる。これは統語的処理の難しさの指標であり，統語的逸脱がある単語が提示された約 500ms 後から現れる。

このように事象関連電位や fMRI を使用した研究によって，読み手がどのように，そしてどの段階において意味処理を行っているかが明らかになりつつあるが，ほとんどの研究は L1 話者を対象とするものであり，L2 や外国語学習者の場合には英文に含まれている未知語や未習得の統語情報などにより，大きな困難を感じる場合が多いのが現状である。

本節では，語彙知識にはどのような側面があり，それがリーディングという複雑な認知処理をどのように支えているかについて述べた。しかし，日本の中学生や高校生の英文読解においては，英文に含まれる新出語あるいは未知語にどう対処するかという問題も重要である。そこで次節では，英文に含まれる未知語の処理に焦点を当てる。

第4節　英文読解における未知語の処理

1　語彙知識と英文カバー率

　第二言語リーディングにおいて，内容理解を困難にする大きな要因の一つに未知語の存在がある。語彙知識と読解能力の関係については，これまで多くの研究が行われている。例えば，Hazenberg and Hulstijn（1996）はオランダのL2話者は大学1年目の学術的な読解には最低でも1万語必要であると述べているし，Grabe（2009）もオーセンティック（authentic）な英文を読む場合には約1万語（4000ワードファミリー）必要であるとしている。この基準として用いられているのが，読み手が知っている単語数によって英文で用いられている単語の何パーセントをカバーしているかをさす，英文のカバー率である。表3.2は，単語数と英文のカバー率との関係を示している。

　知っている単語数が多ければカバー率は高くなり，単語数が少なければカバー率は低下するのは当然である。重要なのは，どの程度のカバー率がどのような読み方ができることを示すのかという点である。先に挙げた約1万語という基準は英文カバー率が約95%であり，辞書などの助けを借りながら自然な読みができることをさしている。しかし，辞書を使った読みを行う場合，その辞書検索によって読解プロセスが阻害されるため読みの効率が悪くなることがあり（Carrell & Grabe, 2002），20語に1語の頻度で辞書を引きながらの読解は，

表3.2　単語数と英文のカバー率の関係

単語数（ワードファミリー概算）	英文のカバー率
40,000 見出し語（9,000）	98%
10,000 見出し語（4,000）	95%
5,000 見出し語（3,000）	86%
3,400 見出し語（2,000）	76%
1,700 見出し語（1,000）	71%

出所：Grabe, 2009に基づく

決して流暢な読みとはいえない。流暢な読みを行うためにはその上のカバー率 (98%) が必要である。このレベルにおいてもなお，50語に1語は未知語であるが，周りの文脈などから未知語の意味を推測したりしながら読み進めることができる。

2 未知語の処理ストラテジー

　読み手は未知語に遭遇した場合，その意味を辞書で調べたり意味を推測したりしてすべての単語の意味を理解しようとするかというと，必ずしもそうとはいえない。Fraser (1999) は，読み手が未知語に遭遇したときにとる方略を Lexical Processing Strategy (LPS) と呼び，読み飛ばし・無視 (ignore)，辞書検索 (consult)，推測する (infer) の3種類のLPSがどのように使用されるかを検証している。その結果，71%の割合で一つのLPSが単独で使われること，29%の割合で三つのLPSが組み合わされたりして使用されることが示された。また，全体のうち最も多く用いられたのが推測であるが，それでも割合は44%であり，半数以上の単語の意味は推測されないことがわかる。一方，辞書検索は全体の29%，読み飛ばし（無視）は全体の24%であった。つまり，英文中に含まれる未知語の4分の1は，その意味を理解しようとしないまま読み飛ばされているのである。ただし，この割合は文章の内容や読み手がどのような目的のために，あるいは，どのような課題遂行のために読んでいるかによっても異なる可能性がある。

　一方，Paribakht and Wesche (1999) は，与えられた課題と未知語処理ストラテジーとの関連について検証し，学習者が未知語を無視して読み飛ばした割合は，要約課題で56%，一般的な内容に関する理解問題で52%と約半数に上ることを明らかにしている。Fraser (1999) と Paribakht and Wesche の報告する結果が大きく異なるのは，英文の難しさや，英文中での未知語の重要性に起因しているともいえる。また，Paribakht and Weshce は要約課題と内容理解問題のそれぞれにおいて参加者に語彙難易度についての感想を問うている。その結果，要約課題に取り組んでいるときのほうが内容理解問題に解答してい

るときよりも語彙が難しいと報告していることが示された。二つの課題の間で未知語を無視する割合には差がなかったにもかかわらず，難易度の感じ方にこのような違いが生じたのは，内容理解問題では文中から解答に必要な情報を抜き出すだけでよいのに対し，要約ではその単語の理解が重要となるため参加者が推測の必要性をより強く感じたことが理由である。

　読み手が未知語の意味を推測するために使用している手がかりにはさまざまなタイプがあることが，次の定義からもわかるであろう。

> The process of lexical inferencing involves making informed guesses as to the meaning of a word in the light of all available linguistic cues in combination with the learner's general knowledge of the world, her awareness of the co-text and her relevant linguistic knowledge (Haastrup 1991, p.40).

以上に述べられるように，学習者はさまざまな言語的手がかり，非言語的手がかりをもとに文脈中に現れる未知語の推測を行う。次に使用される手がかりの具体的な内容に注目する。

3　未知語の意味推測に用いられる手がかり

　未知語推測に使用される手がかりにはさまざまな分類法がある（e.g., Bengeleil & Paribakht 2004；Carton 1971；de Bot, Paribakht & Wesche 1997；Nation 2001；Paribakht & Wesche 1999）。例えば，Paribakht and Wesche (1999) は学習者が未知語に対して用いたストラテジーを，(a)時間稼ぎをするためや音声や文字の手がかりを得るために，目標語を声に出して何度も読む retrieval, (b)目標語の意味を確かめるためにインタビュアーに直接質問したり，疑わしい場合は辞書を見たりする appeal for assistance, そして(c) inferencing に分類し，そのうちの推測に用いられる手がかりについて，八つの情報源に分けている。それが，① sentence-level grammar, ② word morphology, ③ punctuation, ④ world knowledge, ⑤ discourse and text, ⑥ homonymy, ⑦ word association, ⑧ cognates である。

　Paribakht and Wesche (1999) は，これらのなかでも，①の文レベルの文法

表 3.3 未知語推測手がかりの分類

Categories of the Clues				Rate(%)
linguistic sources	intralingual sources	target word level	word morphology	11.5
			homonymy	6.2
			word association	0.7
		sentence level	sentence meaning	36.0
			syntagmatic relations	6.2
			paradigmatic relations	2.9
			grammar	7.6
			punctuation	1.1
		discourse level	discourse meaning	12.4
			formal schemata	3.3
	interlingual source	lexical knowledge		0.8
		word association		1.8
non-linguistic sources	knowledge of topic			6.4
	knowledge of medical terms			2.9

出所：Bengeleil and Paribakht（2004）による

知識は要約課題で 38％，内容理解問題で 30％と，最も頻繁に用いられる手がかりであることを示し，その後の研究（Bengeleil & Paribakht 2004）において，手がかりの種類をより細分化し，使用割合を表 3.3 のように示した。

この結果をみると，最も多く使用されているのが文レベルの意味，次に談話レベルの意味となっており，目標語を含む文章の意味をもとにした意味推測が行われていることがわかる。このように，文脈を使用する推測について，Bauman, Edwards, Font, Treshiski, Kame'enui, and Olejnik（2002）は次のように定義している。

> contextual analysis involves inferring a word's meaning by scrutinizing surrounding text, which includes syntactic and semantic linguistic cues provided by preceding and succeeding words, phrases, and sentences（Baumann et al., 2002, p.153）.

一方，Bengeleil and Paribakht（2004）は文情報ではなく，目標語そのものに注目した意味推測も 11.5％の高い割合で使用されていることを示している。

このように，接辞や語幹のような語形情報を使用した推測は次のように定義できる。

> word-form analysis involves unlocking a word's meaning by examining its morphemes, or meaningful parts, such as base words, prefixes and suffixes, inflected endings, and Latin or Greek roots (Baumann et al., 2002, p.153).

これまで意味推測過程における語形情報の使用が多くの研究で報告されている（Fraser 1999；Hayens 1993；Huckin & Bloch 1993；Mineishi 1993 as cited in Mineishi 1996, 1997；Yougiouklis 1990）が，方略としての推測指導では文脈情報に基づく推測が提案されている。例えば，Nation（2001）の示す5段階の推測手順は文脈に基づく意味推測を中心としており，語形情報は文脈に基づいて推測された意味が語形情報からも支持されるかどうかを確認するとする最終段階でのみ言及されている。

Step 1：Decide on the part of speech of the unknown word.
Step 2：Look at the immediate context of the word, simplifying it grammatically if necessary.
Step 3：Look at the wider context of the word that is the relationship with adjoining sentences or clause.
Step 4：Guess
Step 5：Check the guess.
   Is the guess the same part of speech as the unknown word? Substitute the guess for the unknown word. Does it fit comfortably into the context?
   Break the unknown word into parts. Does the meaning of the parts support the guess?
   Look up the word in the dictionary.
(Nation, 2001, p.257)

そのほかの研究においても，文脈情報の重要性（Fraser 1999；Nation 1990, 2001；Nation & Coady 1988；Walker 1983；Yamauchi 1995）が多く言及されるとともに，文脈情報は子どもでも使用できる手がかりであること（van Daalen-Kapteijns, Elshout-Mohr, & de Glopper 2001）や，文脈情報の使用が意味推測の成功へのカギであることが述べられている。

このように,さまざまな手がかりをもとにして未知語の意味を推測することにより,目標語の記憶や学習が促進されると考える研究も数多くある。続いて,読解中に遭遇した未知語の学習に注目する。

4　付随的語彙学習は生じるのか
(1)　処理の深さと語彙習得

語彙学習には単語リストの暗記のように,語彙そのものの学習を目的とした「意図的語彙学習 (intentional vocabulary learning)」に対し,語彙学習以外に焦点を当てた活動のなかで語彙を記憶する「付随的語彙学習 (incidental vocabulary learning)」がある。これは,語彙学習を目的としない活動に取り組むなかで,その副産物として付随的に語彙を習得することをさす。例えば,読解における付随的語彙学習とは,内容を理解するために読むうちにその文章に含まれる語彙を新たに学習することである。

付随的語彙学習に関する研究の多くは,読解活動に焦点を当てている (Fukkink & de Glopper 1998；Hulstijin 1992；Jiju & Sagara 1997；Nagy, Anderson & Herman 1987；Nagy & Scott 1997；Pitts, White & Krashen 1989；Swanborn & de Glopper 1999；Wysocki & Jenkins 1987)。これは,文中で繰り返し未知語に遭遇し,周囲の知っている語彙や文脈などを手がかりとして未知語の意味を推測するという「深い処理 (deep processing)」(Craik & Lockhart 1972) を行うことで強く記憶されると考えられるためである。語の形態素の処理や音韻的処理は比較的低次レベルで起こり,意味的情報の分析は高次レベルの処理とされる。また,語の意味に十分な注意を払うこと,語の分析や概念の精緻化 (elaboration) を行うこと,未知語の意味を推測する行為は深い処理を要する行為であり,語彙の記憶を助けるとされる (Noro 2002)。ただし,本節2でも述べているように,英文中に含まれる未知語のおよそ4分の1は読み飛ばされているといった研究結果 (Fraser 1999) もあり,すべての未知語が付随的に学習されるわけではなく,文脈中でその意味理解が必要となるような重要語が付随的に学習される可能性が高いと考えられる。

この単語の重要性と，その処理方法について Laufer and Hultsijn（2001）は Involvement Load Hypothesis（関与負荷仮説）を提案している。これは読み手（学習者）が未知語に遭遇した際の関与度合いを need, search, evaluation の三つの観点から評価するものである。まず，need は読み手がその語に注目することが必要であると捉えるかどうかを moderate と strong の二つの基準で評価する。例えば，教師からの指示などの外的要因によってその単語の必要性が強まる場合には moderate とし，英作文などを書くときにその単語が必要となったことから和英辞書を手に取るような内的要因に基づく必要性がある場合には strong と評価することとなる。二つ目の search は，その意味を知るために辞書検索や誰かに尋ねるなどの検索過程が必要であるかどうかで評価する。誰かに尋ねるかどうかではなく，未知語の示す概念を検索する過程自体を示すため，それが文脈内で未知語の意味を推測するという場合も当てはまる。逆に，ある概念を表現するための単語を検索する過程も search に含まれるのである。この受容（receptive）と産出（productive）の2種類の検索過程が同じ search に含まれることは負荷の観点を考慮するならば注意が必要であると考えられる。
　最後の evaluation は，その語の類義語やほかの意味との比較や文脈内での適合性についての評価が必要であるかどうかの観点から判定される。例えば多義語である bank について，「銀行」と「土手」のどちらの意味で使用されているかを評価する場合などである。

(2) Involvement Load Hypothesis に基づくタスクの分類

　Involvement Load Hypothesis では，need, search, evaluation の三つの要素が重要であると述べたが，Laufer and Hulstijn（2001）はこれらの要素をふまえて文章読解時に行われるタスクを七つに分類している。
　一つ目のタスクは未知語に注釈が付されており，文章読解後に理解を測定するタスクである。しかし，未知語についての注釈を参照しなくてもタスク遂行が可能であることから，必要性や検索も生じないとしている。タスク2は内容理解についてのタスクを遂行するために未知語についての注釈を参照する必要がある場合である。注釈を見るだけであることから，「検索」や「評価」が生

表 3.4　タスクの分類

		必要性	検索	評価
1	参照不必要な注釈つき読解後の理解測定	0	0	0
2	参照の必要な注釈つき読解後の理解測定	+	0	0
3	注釈なしだが目標語の読解に関係ある理解測定	+	+	+/0
4	選択肢にL1がついている空欄選択式文章理解測定	+	0	+
5	注釈リストのあるもとの文を書く作文課題	+	0	+
6	L1の意味提示のないL2提示下での作文課題	+	+	++
7	表現したい概念のL2を辞書などで調べる作文課題	++	+	++

出所：Laufer and Hulstijn（2001）による

じない。このタスク2から「注釈」を除いたものがタスク3である。学習者（読み手）自身が意味を検索する必要があるため，「必要」「検索」がプラスとなっている。また，文脈内でどのような意味で使用されているかを判断する必要がある語もあるため，「評価」は「+/0」とされている。タスク4も内容理解を測定するタスクであることに変わりないが，目標語が空所で提示され，そこに当てはまる語の定義がL1で与えられているタスクである。このようなタスクの場合，文脈を評価して単語を選ぶ必要があるが，その語の意味がL1が注釈に載っているため検索が生じないとしている。

　以上の四つのタスクは，文章理解において遭遇する未知語についてのタスクであるが，タスク5からタスク7は作文についてのタスクが挙げられている。

　タスク5は学習語にいくつかの未知語を用いて文を書く課題である。このような語には訳や説明が与えられていることから適度な必要性と，強い評価が関係するが，検索は生じないとされる。タスク6は，タスク5と異なり未知語の定義や訳語が与えられていない条件下において未知語を用いた英作文を行う課題である。タスク7は，学習者自身が表現したい概念について，必要な単語を検索して用いるタイプの課題である。検索はもちろん，強い評価や強い必要性が生じる。

　Hulstijn and Laufer（2001）は，単語注釈のついた文章を読む条件（Task A），英文の空所に適する語を選択肢から選ぶ条件（Task B），L1の意味や使用例と

ともに目標語10語を提示し，それらを含む作文を行う条件（Task C）を設定し，それぞれの条件下で目標語がどの程度学習されるかを検証し，イスラエル人学習者の場合には Task A よりも Task B，Task B よりも Task C に取り組んだ場合の保持率が有意に高いこと，オランダ人学習者の場合には Task A や Task B よりも Task C に取り組んだ場合の保持率が有意に高いことを示している。つまり，Involvement Load Hypothesis に基づくタスクの分類が支持されたといえる。ただし，この結果にはタスクに取り組んだ時間が影響している可能性やタスクの要因ではなく「検索」の頻度が強く影響した可能性も示されている（cf. Folse 2004）。

　これらの研究では，読解中に遭遇する未知語の重要度と，その語と読み手との関与度合いについて挙げ，関与度合いが高いほど学習されやすいことを示しているが，果たして推測した語の記憶と，学習リストなどで意図的に学習した語の記憶はどちらが強くあとまで残るのであろうか。次の節では付随的語彙学習の効果について議論する。

(3) 付随的語彙学習の効果

　意図的語彙学習と付随的語彙学習の効率を比較した結果，意図的学習を支持する研究（Prince 1996；Zechmeister, Chronis, Cull, d'Anna, & Healy 1995）や意図的語彙学習と付随的語彙学習間に有意差がないという結果（弥永 2001）がある。例えば単語の意味を提示した学習と，意味を推測した場合の学習を比較し，isolated-word test（文脈ではなく単語のみを提示して意味を問うテスト）の結果にはそれぞれの学習条件に有意差がないものの，non-pregnant sentence（手がかりかあまり含まれない文脈）を与えた場合には，意味を与えた場合の学習条件のほうが，成績が良くなることが示された。一方，遅延条件によるテストでは，二つの条件の差が小さくなることから，推測した語の記憶は忘却されにくいとも考えられている。学習直後にテストを行う場合，意味を与える学習条件のほうが推測による学習条件の成績よりも高くなることはほかの研究においても支持されている（Hulstijn, Hollander, & Greidanus 1996）。

　一方，付随的学習による新出語句の学習率が無視できない量であったことを

示す結果もある (Fukkink & de Glopper 1998；Nagy, Anderson, & Herman 1985, 1987；Stahl & Fairbanks 1986)。これらの研究は，英文の読解そのものが語彙学習においてある程度の有効性をもつことを示唆している。しかし，英文理解と付随的学習との関係についてはテキストの難易度や読み手の熟達度などのさまざまな要因の影響があると考えられる。また，英文理解における心的表象の構築に必ずしも語彙の意味の習得に必要なプロセスが必要だとは限らないという点にも注意が必要である。

そもそも語彙の発達は，より複雑なプロセスであるという指摘もある。例えば Gass (1988) は，学習者の L2 インプットデータの遭遇からインプットに基づく知識の形成までのプロセスを，(a) apperceived input (遭遇回数や背景知識などの語の特性によって注意を向ける段階)，(b) comprehended input (意味の理解のために構造的な分析を行う段階)，(c) intake (処理された input が学習者のなかで内在化された段階)，(d) integration (知識へと統合される段階)，(e) output (獲得された語が産出に使用される段階) の5段階に分類している。また，Pulido (2007) は文章読解中に付随的語彙学習が起こるには，①ある特定の語彙の形式が未知のものであるという noticing が必要であり，②文脈から語の意味を推測しなければならず，③新しい語の形式と意味を結合させなければならないといった段階があるとしている。つまり，読解中の処理の質が求められるのである。例えば，Jacobs et al. (1994) は，文章がやさしいと，すべての未知語に十分な注意を向ける必要がなくなるため，語彙の獲得もあまり起こらないことを示している。

また，付随的語彙習得の割合は，学習者の言語能力によって異なることも示されている。Graves (1986) はこの点について，(a)能力の高い読み手は多くの文章にふれるため，より多くの新語に出会い，語彙知識の発達が促進される，(b)豊富な語彙を構築するため，一つの文章中で未知語に出会う確率が低い，(c)複数の情報源を駆使して積極的に意味の導出を行うためであるとしている。また，先に挙げた意図的学習と付随的学習を比較した先行研究 (e.g., Grace 1998) では，付随的学習の効果が低いのは意味の推測が正確にできていなかったことが原因である可能性を示している。つまり，未知語の意味を文脈中で正しく推

測できるかどうか，そして，すでに構築されている語彙ネットワークと結びつけることができるかどうかに，語彙習得の成否が強い影響を与えるのである。したがって，未知語が含まれる文脈が pregnant（示唆的），つまり，語彙の意味を推測するための十分な手がかりが含まれていること（Mondria 2003；Mondria & Wit-de Boer 1991）が必要である。さらに学習者の側も文脈に含まれる語彙に関する知識と推測技能をもっている必要がある。

　学習初期の読み手の場合，保持している語彙知識はとても限られた量である。そのような状態の学習者が英文を読み，そのなかに含まれている未知語の意味を推測し，そしてその語の意味を学習することは大変な労力を必要とする。語彙サイズ，語彙知識の深さを獲得した学習者に対しては，読みの流暢さを求めるようにしたり，初級学習者が限られた語彙サイズや語彙知識の深さのなかでも流暢に読みこなすことのできる英文を使用した練習が必要である。

第5節　心的表象——理解のプロセス——

1　命題的テキストベースと状況モデル

　一つひとつの単語はわかっているのに，全体では何が述べられているのかわからないという「木を見て森を見ず」のような現象や，全体のトピックはわかるけれど細かな情報について問うと実はわかっていなかったという現象を，学習のなかでも，指導のなかでもまったく経験していないという人はほとんどいない。

　この現象は読解において，単語の音声や書記情報の知覚→単語の意味→句→文→連接文→談話を把握するような低次レベルから高次レベルへの情報処理の方向性をさすボトム・アップ処理（bottom-up processing）と，トピックに関する背景知識やこれまでに与えられた文脈を使って情報を処理していくような高次レベルから低次レベルへの情報処理の方向性であるトップ・ダウン処理（top-down processing）という二つの情報処理の方向性のどちらかしか用いていないために起こると説明されてきた。

この二つの方向の処理は、それぞれデータ駆動型処理（data-driven processing）や概念駆動型処理（conceptually-driven processing）とも呼ばれ、現在も処理の方向性とともに、どちらの方向性に困難を生じる学習者が、どのような点に困難を生じるのかという観点から多くの研究が行われている。しかし、Nassaji (2002) によると、概念（知識）駆動型などの処理のメカニズム、およびそれらが記憶や理解においてどのように使用されるかという問題は、とても複雑で予測駆動の概念という単一の枠組みのみでは説明することができない。これまで第二言語読解についての多くの研究が、テキスト情報の処理と概念駆動処理の役割について検証してきたが、それらの処理が同時にどのように操作されるのかについて扱ったものはない。

データ駆動型処理や概念駆動型処理という二方向性の処理や、一貫した心的表象の構築過程は、Kintsch (1988) の構築・統合モデル（construction-integration model : CI model）と呼ばれる言語理解モデルに包括されている。このモデルでは、テキスト情報の理解に基づいて構築されるミクロ構造（micro-structure）とマクロ構造（macro-structure）、そして読み手の背景知識を統合することによって構築される状況モデル（situation model）という理解の段階が提唱されている。Kintsch は、Kintsch and van Dijk (1978) のモデルに、「理解における知識の利用」という概念を追加し、この構築・統合モデルを提唱した。このモデルは、認知プロセスを構築する四つの規則を基本としている。第一の規則は「命題構築の規則」であり、テキストから直接情報を取り出したテキストベースと読み手の知識が統合された状況モデルを区別するという規則である。第二の規則は、「ネットワークにおける命題が相互に関連する規則」である。ネットワーク（命題どうしのつながり）には、(a)間接的な関連、(b)直接的な関連、(c)ある命題が他の命題の下位要素になるという関連の3種類あることが提起されている。ここで命題結合（リンク）の強度は、連想データの値から実験的に算出されている。第三の規則は「知識活性化の規則」であり、知識の活性化の基本的なメカニズムは、連想型であることが仮定されている。つまり、情報の処理と保持を行うワーキングメモリ（working memory）内に保持されている情報は、それに隣接

する情報（node：ノード）を活性化することが仮定されている。第四の規則である「推論構築の規則」は，「もしAがBよりも上で，CよりもBが上であれば，AはCよりも上である」と推論される規則である。これらの四つの規則によって，命題間の初期ネットワークが形成され，情報処理を継続するなかでそれぞれのノードが活性化されたり活性化の拡散が起こったりする過程を経て，安定したネットワークが構築されるのである。次節では，命題的テキストベースの構築と状況モデルの構築を分け，それぞれの段階について詳細に述べる。

(1) 命題的テキストベースの構築

まず，読み手のもつ知識と関連せず，テキスト情報にのみ基づく理解の段階を反映する，マクロ構造モデルについて説明する。

マクロ構造モデルは読み手のもつ背景知識などを考慮せず，テキスト情報からどのように全体の意味が理解されていくのかについて説明している。そこで重要となるのが，命題（proposition）という情報単位である。Kintsch and van Dijk（1978）によると，そもそも理解過程は談話構造の要点，つまり命題を特定する複雑なプロセスであると考えられている。

命題にはミクロ命題（micro-proposition）とマクロ命題（macro-proposition）の

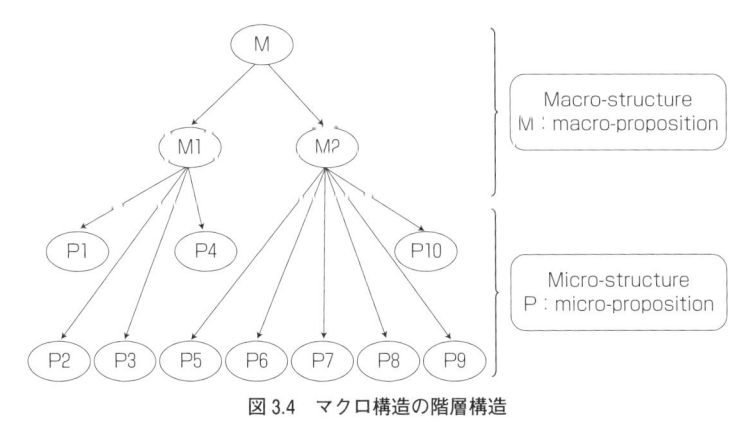

図3.4 マクロ構造の階層構造

出所：Kintsch, 1998, p.67 を改訂

二つがあり，図 3.4 に示されているように，情報処理過程においてミクロ命題からマクロ命題へと，階層状の構造がつくりあげられると考えられている。Kintsch（1998）は，ミクロ命題からなる構造をミクロ構造と呼び，テキストの局所的な情報が反映されるとした。これらのミクロ命題が集合し，より高次レベルの情報を反映するのがマクロ命題であり，このマクロ命題の集合がマクロ構造と呼ばれている。

　読み手はまず，それぞれの単語を処理しミクロ命題を分析しテキストの詳細情報を理解する。例えば，7 語からなる短い文 "The fat cat ate the gray mouse." の処理において読み手は，次のようなミクロ命題を分析すると考えられる。

　　　P1（EAT CAT MOUSE）
　　　P2（MOD CAT FAT）
　　　P3（MOD MOUSE GRAY）　（Bovair & Kieras, 1985, p.316）

　このように抽出されたミクロ命題はさらに，その重要性や命題間の関連性に基づいて，統合（integration），削除（deletion），そして一般化（generalization）というプロセスを経てテキスト全体の要約的な概念情報を反映するマクロ命題となる。

　ミクロ命題が明示的な情報であるのに対し，Kintsch（1998）が "Macro-propositions may or may not be expressed explicitly in the text"（p.66）と述べるように，マクロ命題はテキストに明示されない場合もある。また，マクロ命題を構築する際には，テキスト外からの情報などを統合する場合もあり，「文字どおりの情報」がマクロ命題とは限らない。つまり，読み手はミクロ命題を統合し，明示的に述べられていないマクロ命題を理解するのである。

　このマクロ命題への統合規則は，要約規則やマクロルール（macrorules）と呼ばれ，このマクロルールのさまざまな分類方法が挙げられる（e.g., Brown & Day 1983；Friend 2001；Keck 2006；van Dijk & Kintsch 1978）。

　例えば van Dijk and Kintsch（1977）は，ミクロ構造がマクロ構造と関連づけられるための規則としてマクロルールを削除（deletion），一般化（generalization),統合(integration)と分類している。その後,van Dijk and Kintsch (1978)では,deletion, generalization, selection, construction (pp.68-69) の四つに分類している。また,Brown and Day (1983) は,van Dijk and Kintschのマクロルールをベースとして要約時のプロトコルを分析し,次のように要約規則を六つ特定した。

(1a) 詳細情報の削除(deletion)
(1b) 重要な情報であっても冗長な情報の削除(deletion)
(2)　上位概念への置き換え　　　　　　　(a)一般化(generalization rule)
　　　(substitution of superordinate)　　　(b)統合(integration rule)
(3a) トピックセンテンスの選択(select a topic sentence)
(3b) トピックセンテンスの構築(invent a topic sentence of a paragraph)

彼らの定義における invention はパラグラフ内での構築だけではなく,パラグラフ間をまとめる invention もあり,"creation and use of a topic sentences that did not appear in the text but easily could have"(Brown & Day, p.3)と述べられている。

これまでのテキスト理解の測定手段として要約を扱う研究では,van Dijk and Kintsch (1978) が "a summary, then, will be taken as a discourse expressing a macro-structure of another discourse. ... That is, it only indirectly reflects an abstract macro-structure." (p.72) と述べるように,要約は読み手の構築するマクロ構造(テキストの重要度による階層構造を示す内容)を反映していると考えられている。一方,読解能力と要約との関連について検証した研究では,マクロルールの適用能力が読み手の理解度や言語熟達度,あるいは年齢的な経過によってどのように変化するかを検証するものがある(タスクとしての要約とそれに関連した研究に関しては第7節3で詳細に述べる)。ここで注意が必要なのは,マクロ命題と状況モデルの関連である。前述したように,ミクロ命題やマクロ命題はテキスト情報に基づく情報単位であり,一方の状況モデルは,読み手の背景知識などのテキスト外の情報を統合したものである。

(2) 状況モデルの構築

文章を理解する際,読み手は文の情報を複数の階層状に構築している。この

表象レベルを状況モデル（situation model）や心的モデル（mental model）と呼び，テキスト自体に何が書かれているのかではなく，何について書かれているのかを背景知識などと統合したものをさす。つまり，状況モデルは読み手の長期記憶を利用し，推論を働かせることで構築される。例えば，"Three turtles rested on a floating log, and a fish swam beneath them." という文を読んで，「三匹の亀が丸太の上にいて，『それら』の下に魚がいる」ということがわかることはテキストベースの構築に該当するが，「魚が亀の下にいる」という状況を頭のなかに描写できることは，状況モデルの構築を反映する。状況モデルは，読み手が実際に理解したものであるため，多様性がある。この状況モデルの多様性に影響を及ぼすのは，読み手の要因として母語での読解能力，スキーマ，背景知識，L2熟達度，読みの目的，動機，そしてテキストの要因としてジャンル，表現，文章構造などがある（Glenberg, Kruley, & Langston 1995；Graessser, Singer, & Trabasso 1994；Perfetti 1989；van Dijk & Kintsch 1983）。例えば，Mann and Thompson（1988）による Rhetorical Structure Theory（RST）では，書かれたテキストは，中核的意味を担う Nucleus（N）と従属的意味を担う Satellite（S）というクローズ（clause）単位のテキスト構成要素に分割され，これらのNおよびSという二つの構成要素間の論理関係（Interclausal Relations）が記述されるが，そういった Relations（追加，因果，具体化，逆説，時間順序）の集合は，テキスト全体においては，階層的に組み合わさり，一種のネットワーク状態を形成していると仮定されている。例えば逆説関係や時間順序の検出は認知的に比較的容易であるのに対し，因果関係や具体化といった概念の把握はかなり困難であるといわれている。

　一貫した状況モデルの構築に困難をきたす要因の一つとしてテキストの連続性・非連続性を挙げることができる。文脈にはさまざまな種類（因果関係，時間性，照応，空間性など）の連続性をもち，それらが状況モデルの構築にどのような影響を及ぼすかを検証した研究も数多く行われてきた（e.g., Bower & Rinck 2001；O'Brien & Albrecht 1992；Ohtsuka & Brewer 1992；Taylor & Tversky 1997；Trabasso & Suh 1993；van den Broek 1994；Zwaan & van Oostendorp 1993；Zwaan, Langston, & Graesser 1995)。それらのうち，代表的な研究の一つである Zwaan and Radvansky（1998）は，状況モデルがどのように構築されるのかを詳細に説明するための枠組みを提唱している。この枠組みでは，状況モデルには current, integrated, complete model という三つの段階の存在が仮定されている。この枠組みでとくに重要なのは，状況モデルが current の状態から complete model へと発展していくプロセスを説明するために，四つの処理操作を区分している点である。その四つとはすなわち，状況モデルの三つの処理段階（construction, updating, retrieval of situation models）と特定の状況モデルの前景化（foregrounding of specific situation model elements）である。以下でその読解処理のプロセスについて見ていく。

　読み手はまず，文や節で表された状況について current model of the situation を構築（construction）する。すべての情報を統合し一つのモデル（これを統合モデル［integrated model］と呼ぶ）が構築されるまで，一文ごとに状況モデルが更新（updating）される。その処理中に，読み手は特定の情報に対して，より注意を払う。これを前景化（foregrounding）と呼ぶ。最終的に統合され，長期記憶に保持される状況モデルを complete model と呼び，それを引き出すことを検索（retrieval）と呼ぶ。この状況モデルの更新は，それまでのテキスト情報に基づき構築していた状況モデルが，新たな情報が提示された場合に矛盾をはらむことに読み手が気づいた場合に生じる。読み手はこの状況モデルの更新を繰り返し，最終的なテキスト理解に到達する。このことは，文処理や文章理解が漸次的に行われることと関係がある。つまり，読み手はテキストを最後まで読み終わったときにまとめて全体を理解するのではなく，情報が入力されるごとに少しずつ頭のなかにテキストの内容を描いていくのである。新しい情報は取り込まれるたびに，既存の情報と照らし合わされ，新旧それぞれの情報を合わせて全体的な理解が動くのである。

　新たな情報（修正情報）を理解するプロセスには，表面的更新（surface updating）と全体的更新（global updating）の二つの段階がある。前者（表面的更新）は修正情報そのものに気づき，特定の先行情報が訂正されたことに気づくこと

をさしている。後者（全体的更新）は，修正情報に基づき状況モデル全体を更新するための適切な推論を働かせることを意味している。

　ここで，Johnson and Seifert（1999）から具体例をとって見てみよう。例えば，ある事件について当初テレビなどで報道されていた内容が誤りであった場合，視聴者は後日報道された正しい情報に基づき，事件の概要について理解しなおすことになる。ときには，事件全体の印象さえも変更するだろう。例えば，誘拐事件の重要参考人として被害者の隣人が取り調べを受けたという報道があった数日後，真犯人は父親であったという情報が報道されたとする。視聴者は，まず，当初報道されていた情報が誤りであったことを理解しなければならない。これが表面的更新である。当初報道されていた情報が誤りであることを理解したあと，誘拐目的について推察するような全体的更新が起こる。全体的更新のあとには，新たな情報を正しい情報に基づいて更新された状況モデルと結びつけ，統合をするプロセスが必要である。例えば，誘拐された子どもが青い車に乗せられていたという目撃情報が後から報道された場合，その車を運転していたのは「隣人」ではなく「父親」であったと理解できなければならない。しかし，状況モデルに関するこれまでの研究は，矛盾する情報が含まれる文を読む場合，読み手は誤った情報の影響を完全に排除できないことを示している（Johnson & Seifert 1994, 1999；Wilkes & Leatherbarrow 1988）。

　また，このような状況モデルの更新が起こるのは，矛盾や誤情報が含まれるテキストに限らない。先にも述べたように，テキストには，さまざまな連続性や非連続性がある。Zwaan and Radvansky（1998）は，テキストの連続性の側面として，(a)時間性（temporality），(b)空間性（spatiality），(c)登場人物（protagonists），(d)因果性（causality），(e)意図性（intentionality）の五つの次元を提唱している。テキストに誤情報が含まれていない場合でも，場面が突然切り替わったり因果関係が不透明な場合には，状況モデルの更新が果たす役割は大きいと考えられる。また，これらの複数の次元で構築された current model が integrated model と異なる次元をもつほど，更新が困難になる。

第6節　視覚情報（テキスト外の情報の活用）

1　視覚情報（挿絵・図・表）の分類

　第5節でもふれたとおり，読解後，読み手の心内には表象が形成されると考えられているが，その心的表象には surface structure（表層的構造），textbase（テクストベース），situation model（状況モデル）の三つのレベルが存在する（van Dijk & Kintsch 1983）。テクストに付随する挿絵・図・表はこのなかの状況モデルと類似しているため，読解を促進する可能性が示唆されている。ここではまず，視覚情報としての挿絵・図・表の分類について述べる。

　Levie and Lenz (1982) は，挿絵とテクストが同時に提示されている場合の情報を，(a)挿絵とテクストの情報が重なり合っている "illustrated text information"，(b)テクストだけが発している情報の "nonillustrated text information"，そして(c)挿絵だけが発している情報の "picture-only information" に分類した。

　また表3.5にまとめたように，Ushiro et al. (2006) ではリーディングテストに付随する挿絵・図・表の分類を行い，(a)読み手に文章の内容を想起させる絵や写真の "Representational Pictures"，(b)数字，事実，情報などがリストにな

表3.5　視覚情報の分類

(a) Representational Pictures	文章に関わる絵や写真のことであり，読み手に文章の内容を想起させる
(b) Tables	数字，事実，情報などがリストになっているもの（Longman Advanced American Dictionary 2000）
(c) Graphic Organizers	文章に表れる概念の関係を象徴しているもの（Levie & Lenz, p.215）
(d) Maps	空間を表すもの。とくに，川，道路，山，町などの地理的な位置を示す（Levie & Lenz 1982, p.214）
(e) Graphs	二つ以上の数字の集合が相互に関係しているもの（Longman Advanced American Dictionary 2000）

出所：Ushiro et al. (2006) による

っている"Tables",(c)文章に表れる概念の関係を象徴している"Graphic Organizers",(d)空間を表す"Maps",(e)二つ以上の数字の集合が相互に関係している"Graphs"に分類している。

2 視覚情報の機能

挿絵・図・表の機能について,Levie and Lenz (1982) は四つの役割があるとしている。まず一つ目は attentional functions である。これは,読み手に挿絵や写真などを見せることで興味を抱かせることをさす。二つ目に,affective functions があり,これは視覚情報が含まれていたほうが情緒的な面で学習者に好まれることを示している。また,三つ目の cognitive functions は,視覚情報があることによって英文の理解が促進すること,四つ目の compensatory functions は英文の内容を補助する役割のことである。前者二つが挿絵や図,表などが存在することによる機能であるのに対して,後者二つは視覚情報の内容によって英文の理解を促進するという機能ももっている。視覚情報が英文理解を助ける理由としては,それによって読み手の背景知識が活性化されるため,状況モデルが構築されやすくなることが考えられる。

また,Levin, Anglin, and Carney (1987) は,(a)テキストの情報をサポートするというよりも,「見栄えをよくするため」に使用する decoration functions, (b)テキストと関連のある登場人物,物,行為などを表す representation functions, (c)テキストへの組織的な枠組みを与え,一貫性を高めるのに使用される organization functions, (d)理解することが難しいテキストや抽象的な概念を明確化する interpretation functions, (e)読み手の記憶に直接インパクトを与えることを目的とする transformation functions に機能を分類している。

教室内での指導としては,テキストに付与された挿絵・図・表から読み取れることを考えさせる発問や活動,先行オーガナイザーとしてのイラストや写真の提示などが挙げられるだろう。また,複雑な文章構造をもつテキストの読解においては,表3.5では(c)Graphic Organizer の一つに分類されるセマンティックマッピング (semantic mapping) を使用して,情報間のつながりを図式的に

示したり，反対に学習者にマッピングの枠組みだけを与え，文章の内容から情報を拾って埋めさせるなどのリーディング活動も学習者の理解を促進するうえで有用であるといえるだろう。

第7節　再話や要約（発表する力へのつながり）

1　情報を再生するということ

　文章の理解は多くの複雑なプロセスを経て達成される。読み手の頭のなかに記憶される文章全体の構造について，これまでにさまざまな文章理解の理論（モデル）が提案されてきた。例えば，Trabasso は，文章の理解とは，文章中の個々の出来事の原因と結果を結びつけていく過程であり，読み手はこれらの因果のつながりを構成して文章の全体像を頭のなかにつくりあげていくと考え，因果ネットワークモデルを提案している（Trabasso & Sperry 1985）。

　一方，第5節で述べたように Kintsch は，文章全体の構造把握はテキストの命題を分析することからはじまるとしている。読み手は数々の命題から構成されたテキストベース内の階層的なミクロ命題を分析し，さらにこれらを高次の意味にまとめあげ，最終的に文章全体の構造に相当するマクロ構造を形成する（Kintsch & van Dijk 1978）。このようにして，読み手の頭のなかに形成される表象は，心的表象と呼ばれる。

　読み手の頭のなかに形成された心的表象を直接観察することはできないが，読解後に課題を課し，テキストの情報を再構築することによって，読み手が形成した心的表象がどのようなものであるかを推察することが可能である。読解後の課題としては，テキストの内容を筆記で再生する筆記再生（written recall），口頭で再生する再話（retelling），テキストの内容を縮約して再生する要約（summary）などがある。このような課題を課したときに，学習者はどのような情報を選択し，再生するのだろうか。ここでは，リーディングとスピーキングの2言語技能を組み合わせた再話課題と，リーディングとライティングの2言語技能を組み合わせた要約課題の二つに焦点をあててみていくことにする。また，

このように，リーディングとほかの言語技能（スピーキング，ライティングなど）を組み合わせることによって，学習者の言語能力を総合的に伸ばすことが期待できる。

2　再話について―情報を構成する力を養う

　再話とは，文章を読んだあとに，文章をみない状態でその内容を知らない人に語る活動である。通常の教室活動において行われる，教師から生徒への理解度質問と異なり，再話は生徒自身の文章を再構築する力を問うことから，再話を行うことで質問文の影響を受けない純粋な生徒の理解を把握することが可能となる。また，再話を行うことによって，情報を構成する力を涵養することができると考えられる。

　学習者自身の手で文章を再構築することは，文章の読解に正の効果をもたらすことが多くの研究によって示されている（Gambrell, Kapinus, & Koskinen 1991；Gambrell, Pfeiffer, & Wilson 1985；Morrow 1985；Muranoi 2007）。例えば，Gambrell, Pfeiffer, & Wilson (1985) では，再話を行うことによって学習者のテキストの理解度が増すことを示した。また，幼稚園児を対象に行ったMorrow (1985) の研究では，再話が物語の理解や物語の構造の理解を高めることを示している。また，学習者の熟達度によって再話が読解に与える影響に違いが出ることも示されている（Kai 2008；白石 1999）。

　再話が読解力の向上に貢献することはいくつかの研究において示されているが，とくに再話が作用するのは読解のどの側面なのだろうか。再話がテキストの大局的一貫性の構築に影響を与えることを示した研究にKai (2009) がある。Kai (2009) は，テキストのテーマの位置や有無を変えた3種類のテキスト（テーマ前置条件，テーマ後置条件，テーマなし条件）を用いて再話の効果を検証した。その結果，再話はテキスト理解を促進するが，とりわけ大局的一貫性の低い条件（ここでは，テーマ後置条件とテーマなし条件）で再話の効果が高まることを示した。つまり，テキスト全体のテーマがテキストの後方に位置している場合や，テーマがない条件ではオリジナルのテキスト（ここでは，テーマ前置条件）より

大局的一貫性が低いため，学習者自身がそれを補う必要がある。再話を行うことで大局的一貫性の構築を促進され，これによりテキストの理解がより高まったといえよう。さらに Kai（2009）では，読解ストラテジーの使用やメタ認知についても検証を行っており，再話を行った学習者のほうがそうでない学習者よりもテキストの理解度が高かったにもかかわらず，自分自身のテキスト理解度を厳しく評価する傾向がみられたことを報告している。

3　要約について－情報を要約する力を養う

　要約は，テキストの内容理解と密接な関係をもつと考えられている。例えば，Hidi and Anderson（1986）は，要約がより深いテキスト処理を促すため，要約を行うことによって，テキストの理解が促進されるとしている。Wittrock（1989）も要約がテキスト理解を促進することを示した。要約はリーディングと同様に複雑なプロセスを経て行われる。質のよい要約を産出するためには，学習者はテキストを思い出しながら数々の決定を下していかなければならない。

　要約の産出過程に際しては，第5節1の(1)でも述べたマクロルールが適用される van Dijk（1980 as cited in Kintsch 1998, p.66）。マクロルールは選択（selection），一般化（generalization），構成（construction）に分類される。van Dijk は三つのマクロルールを次のように定義している。

> Selection：Given a sequence of propositions, propositions that are not an interpretation condition for another proposition may be deleted.
> Generalization：A proposition that is entailed by each of a sequence of propositions may be substituted for that sequence.
> Construction：A proposition that is entailed by the joint set of a sequence of propositions may be substituted for that sequence.
> 　（van Dijk 1980 as cited in Kintsch 1998, p.66）

　選択（selection）とは，重要な情報とのつながりを考えた場合に，重要ではない命題や重複する命題を削除することが挙げられる。また，一般化（generalization）とは，例えば邑元（1998）の例をとると，「彼はバスケットボールが好

きである。彼はホッケーが好きである。彼は水泳が好きである」という一連の命題があった場合，それを「彼はスポーツが好きである」という一つの上位命題に置き換えることが含まれる。最後の構成 (construction) は，例えば「彼は振込用紙に記入した。彼は窓口に近づいていった。彼は受領書を受け取った」という一連の行動が述べられている場合，それを「彼は現金を振り込んだ」という一つの命題にまとめることをいう。

　要約を作成するにあたってとくに重要となるのは，テキストの情報の重要度判断を適切に行えるかである。要約する際に，わたしたちはテキストのなかで重要な情報とそうでない情報を区別し，要約に含めるべき情報を選別し，実際にどのような情報をどのように構成するか考え，要約を産出していかなくてはならない (Alderson 2000)。読解中のマクロ構造の抽出過程が情報の取捨選択を必要とすることからもわかるとおり，テキスト内の情報の重要度を判断する力は，テキストの内容理解と要約作成の両方において重要な役割を示すことがわかっている (Winograd 1984)。さらに，学習者はテキストを読みながらここが重要だと思った箇所を要約に組み込もうとする傾向があるといわれている（川崎 2000)。

　重要度判定に影響を与える要因はさまざまあるが，その一つに読みの観点 (reading perspective) がある。読みの観点は読解後の表象形成に影響を与えると考えられている。例えば，どろぼうの視点と不動産業者の視点の二つの異なる視点を読解前に学習者に与え，ある家の構造についてのテキストを読ませた場合，読解後の表象や重要と判断した情報に違いが生じることが報告されている (e.g., Anderson & Pichert 1978; Kaakinen & Hyönä 2005)。どろぼうの視点でテキストを読んだ読み手は，部屋の中にカラーテレビセットがあるという情報に興味をもち，屋根に雨漏りがあることには関心を寄せないが，不動産業者の視点で読んだ読み手はこれとは逆の情報により関心をもつことが示された。このように，読解時に与えられた視点によって，その視点に沿った情報がより重要と判断されることがわかっている。また，読解時の読みの観点が，読解後に行った要約課題でも影響を与えたことを報告した研究に，Ushiro ら (2009) の

研究がある。この研究では，読解時に与えた読みの観点が重要度の判定に影響を与え，さらに要約の字数を制限した場合では，要約に含む情報やマクロルールの適用にも読解時の読みの観点が影響を与えることを示した（Ushiro, Kai, Nakagawa, Watanabe, Hoshino, & Shimizu 2009）。

L1の研究では，マクロルールの適用と学習者の熟達度に相関があることがわかっている（e.g., Cordero-Ponce 2000；Hidi & Anderson 1980；Winograd 1984）。例えば，Winograd（1984）は，good readerはpoor readerに比べてテキストのなかで重要な情報を適切に判断し，その重要だと判断した情報を適切に要約に含めることができるのに対し，poor readerは視覚的な情報がたくさん書かれてある部分を重要と判断し，要約には重要と判断した部分を適切に含められないなど，学習者の熟達度によって情報の重要度判断と要約に含める情報の選別に違いが表れることを示した。また，Brown and Day（1983）は学習者の学年が上がるにつれ，情報を集約する力が増すことを報告しており，このことはLorchらの研究によっても支持されている（Lorch, Ritchey, McGovern, & Coleman 2001）。

それでは，読み手によって重要でないと判断された情報はどのように処理されるのだろうか。不要な情報の抑制については，Gernsbacher, Varner, and Faust（1990）が興味深い研究を行っている。Gernsbacherらは，学習者の熟達度によって情報を抑制する能力が異なり，熟達度の低い学習者は熟達度の高い学習者に比べて重要度の低い不必要な情報を抑制することが不得手であることを示した。熟達度の低い学習者が不要な情報を上手く抑制できていないことは，ほかの研究によっても示されている（e.g., Gernsbacher 1993；Gernsbacher & Faust 1991a, 1995）。しかし，必要な情報を活性化して文章の理解に適用する能力（例えば，文脈を活性化する能力）は，熟達度の低い学習者にも備わっていることが報告されている（e.g., Gernsbacher & Faust 1991b）ことから，熟達度の差は情報の活性化能力というよりも，抑制能力によって生じると考えられる。

4　フィードバックの活用（Summary Street）など─自立した学習者の育成のために

　読解力が数年にわたるフィードバックを通した意図的な学習によって向上すると考えられている（Ericsson & Kintsch 1995）ように，読解と同様に複雑なプロセスを必要とする要約にもフィードバックは有益な手段であると考えられる。

　オンラインで要約のフィードバックを与えるものにSummary Streetがある。Summary Streetとは，コンピュータを介在したオンラインの補助学習ツールであり，これを用いることによって要約力，ひいては読解力の向上につながることが期待されている。Summary Streetの最終的な目標は学習者が補助なしで自立して質の高い要約を産出できるようになることである。

　フィードバックは，活動が終了したあとにできるだけ迅速に与えることが肝要であるといわれている（e.g., Druckman & Bjork 1994）。さらに，フィードバックの内容はできるだけ個々の学習者のレベルやニーズに合わせたものを与えることがよいとされており，実際の教室現場でこのような質の高いフィードバックを迅速に与えることはなかなか難しい。Summary Streetでは，このような実際の教育現場で適わないフィードバックを提供してくれる。インターネットを経由して学習者の作成した要約を提出することによって，学習者の要約はthe Pearson Knowledge Technologies Web site（http://www.pearson.com）に届き，そこで要約の内容がLSA（latent semantic analysis）という分析にかけられる。LSAは，生徒が14年間の学校生活によって習得する語を教科書やさまざまな文書から抽出し，それらの語を網羅したコーパスを反映しており，生徒が作成した要約と，要約される前のテキスト原文の二つを照合し，要約に用いられている特定のキーワードとは関係なく両者の類似性を人が行うように判断できるとされている。学習者へのフィードバックは即座に行われ，図3.5のようにグラフで示されたものがフィードバックとして返される。

　実際のフィードバックはどのような情報から構成されているのだろうか。まず，Section Coverageのところで要約で網羅するべき主要なトピックが示され，おおまかな目安が横軸として表示されている。これにより学習者は，自分の要

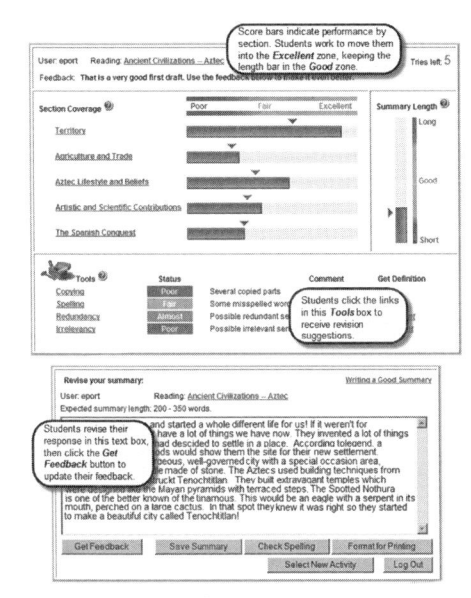

図 3.5　Summary Street によるフィードバック

出所：http://www.knowledge-technologies.com/sstSampleStudent3.shtml より取得

約でどの情報が不足していていたかを視覚的につかむことができる。一方，要約の質については，繰り返し用いた表現や，原文と近すぎる語の使用などの頻度がフィードバックとして提供される。さらに，要約の適切な長さについても情報が開示され（右端の Summary Length のところ），教師があらかじめ設定しておいた要約の長さの範囲内に収まるものだったかどうかがフィードバックとして返される。これらのフィードバックによって，学習者は自分の提出した要約が適切なものであったかを質・量の側面から振り返ることができる。また，フィードバックを受けてからの修正はすべて学習者に任されている。このため，学習者はフィードバックに従って修正することもできるし，コンピュータによって冗長であると指摘された箇所であっても，文章のつながりを保つためには必要であると判断した箇所などは修正を加えないままでいられるなど，自由裁量が適用されている。

Summary Streetが要約作成に与える影響を検証した研究に，Wade-Stein and Kintsch（2004）がある。彼らはSummary Streetの利用の有無によって学習者の要約の力を比較し，Summary Streetを繰り返し使用した学習者は要約力が向上し，使用しなかった学習者ではこのような上達はみられなかったと報告している。

　さらにCaccamise et al.（2007）では，Summary Streetを用いて経年的な研究を行っている。彼らは，合計で三つの研究を行った。研究1では，平均で4.9編のテキストを要約しSummary Streetからフィードバックを得た学習者のほうがそうでない学習者よりも要約の得点が伸びることを示した。この結果から，Summary Streetが要約にプラスの影響を与えることが示唆された。研究2では，さらに要約の質に焦点を当て，Summary Streetを利用した学習者のほうが要約に含める情報が適切であり，冗長な情報を削除していることが示された。このことから，Summary Streetの利用を通して，学習者の情報を重要だと判断する力がより鋭くなることが示唆された。研究3では，Summary Streetを利用することによって，メタ認知や読解ストラテジーが向上することが報告されている。

　このように，Summary Streetなどの利用を通して学習者は自分のことばで要約を作成することの重要性を知り，これにより学習者の言語力が総合的に高められることが期待できる。

　また，フィードバックのほかにも，要約作成時に原文テキストの参照が許可されているか否かによっても，要約の質に影響があることがわかっている。Hidi and Anderson（1986）は，テキストの有無が要約産出に与える影響を検証した。その結果，テキストなしのほうがありのときよりも質の高い要約が産出されると主張した。これは，テキストがないことによってより深い処理が促されるためであると考察されている。これに対し，Stein and Kirby（1992）は，学習者の熟達度を要因に入れて再検証した。その結果，熟達度の高い学習者については，テキストがないほうが質の高い要約が産出されるが，熟達度の低い学習者についてはこのような効果は得られないことを示した。要約作成の際に

テキストを提示するかどうかについては，学習者の熟達度を考慮する必要がある。

　リテラシーとは，単に読み書き能力ではなく，さまざまなかたちに表現されたものを適切に理解する能力であると考える。本章で取り上げた英語リーディングには，状況モデルを初めとして，書き手が英文に表した情景を読み手が心のなかに描くプロセスが含まれ，その指導は従来型の英文訳読とは異なる積極的なコミュニケーションの一つであり，リテラシーを育てるものである。最後に取り上げた再話活動は不思議である。読み手が英文を読み終えたあとに，その英文を伏せて再話活動を行うと，すでに終えている英文読解の理解が深まるのである。それは，英文読解が，単にテキストに書かれているとおりに情報を頭に入れるのではなく，その情報を頭のなかで整理し，自らの言葉でインフォメーション・トランスファー（information transfer）することが本当の理解だからであろう。とするならば，中高の英語の時間に，教科書をセクションごと，一文ごとに確認して読み，予習を含めて一度もその英文を通して読むことがないような現状は憂うべきであろう。英文の意味を積極的に取りにいき，一文ごとに情報が加わるたびに，理解を柔軟に修正できるようなプロセス型の指導が求められる。それこそが，これからのリテラシー指導であろう。【卯城　祐司】

引用・参照文献
Akase, M. (2005). The roles of breadth and depth of vocabulary knowledge in EFL reading comprehension: With a focus on English major students. *Annual Review of English Language Education in Japan, 16*, 141–150.
Alderson, J. C. (1984). Reading in a foreign language: a reading problem or a language problem? In J. C. Alderson & H. Urquhart (Eds.), *Reading in a foreign language* (pp.1–27). New York: Longman
Alderson, J. C. (2000). *Assessing reading*. Cambridge University Press.
Anderson, R. C., & Picher, J. W. (1978). Recall of previously unrecallable information following a shift in perspective. *Journal of Verbal Learning and Verbal Behavior, 17*, 1–12.
Baddeley, A. D. (2000). The episodic buffer: A new component of working memory? *Trends

in Cognitive Sciences, 4, 417-423.

Bauman, J. F., Edwards, E. C., Font, G., Tereshiski, C. A., Kame'enui, E. J., & Olejnik, S. (2002). Teaching morphemic and contextual analysis to fifth-grade students. *Reading Research Quarterly, 37*, 150-176.

Bengeleil, N. F., & Paribakht, T. S. (2004). L2 reading proficiency and lexical inferencing by university EFL learners. *Canadian Modern Language Review, 61*, 225-249.

Bernhardt, E. B., & Kamil, M. L. (1995). Interpreting relationships between L1 and L2 reading: Consolidating the Linguistic Threshold and the Linguistic Interdependence Hypotheses. *Applied Linguistics, 16*, 15-34.

Boland, J. E. (2004). Linking eye movements to sentence comprehension in reading and listening. In M. Carreiras & C. Clifton Jr. (Eds.), *The on-line study of sentence comprehension: Eyetracking, ERPs and beyond* (pp.33-50). New York: Psychology Press.

Bovair, S. & Kieras, D. E. (1985). A guide to propositional analysis for research on technical prose. In Britton, B. K. & Black, J. B. (Eds.), *Understanding expository text: A theoretical handbook for analyzing explanatory text* (pp.315-362). Hillsdale, NJ: Erlbaum.

Bower, G. H., & Rinck, M. (2001). Selecting one among many referents in spatial situation models. *Journal of Experimental Psychology: Learning, Memory, and Cognition, 27*, 81-98.

Brown, A. L., & Day, J. D. (1983). Macrorules for summarizing texts: The development of expertise. *Journal of Verbal Learning and Verbal Behavior, 22*, 1-14.

Caccamise, D., Franzke, M., Eckhoff, A., Kintsch, E., & Kintsch, W. (2007). Guided practice in technology-based summary writing. In D. McNamara (Ed.), *Reading comprehension strategies: Theories, interventions, and technologies* (pp.375-396). Mahwah, NJ: Erlbaum.

Carreiras, M., & Clifton, C. Jr. (2004). On the on-line study of language comprehension. In M. Carreiras, & C. Clifton Jr. (Eds.), *The on-line study of sentence comprehension: Eyetracking, ERPs and beyond* (pp.1-14). New York: Psychology Press.

Carrell, P. L. (1988). Some causes of text-boundedness and schema interference in ESL reading. In P. L. Carrell, J. Devine & D. Eskey (Eds.), *Interactive approaches to second language reading* (pp.101-113). Cambridge University Press.

Carrell, P. L., & Grabe, W. (2002). Reading. In N. Schmitt (Ed.), *An introduction to applied linguistics* (pp.233-259). London: Arnold.

Carton, A. (1971). Inferencing: A process in using and learning language. In P. Pimsleur & T. Quinn (Eds.), *The psychology of second language learning* (pp.45-58). Cambridge: Cambridge University Press.

Clapham, C. (1996). *Studies in language testing 4: The development of IELTS: A study of the effect of background knowledge on reading comprehension.* Cambridge University Press.

Clarke, M. (1979). Reading in Spanish and English: Evidence from adult ESL students. *Lan-

guage Learning, 29, 121-150.

Clarke, M. (1980). The short circuit hypothesis of ESL reading: Or when language competence interferes with reading performance. *Modern Language Journal, 64*, 203-209.

Cordero-Ponce, W. L. (2000). Summarization instruction: Effects on foreign language comprehension and summarization of expository texts. *Reading Research and Instruction, 39*, 329-350.

Craik, F. I. M., & Lockhart, R. S. (1972). Levels of processing : A framework for memory research. *Journal of Verbal Learning and Verbal Behaviour, 11*, 671-684.

Cummins, J. (1979). Cognitive/academic language proficiency, linguistic interdependence, the optimum age question and some other matters. *Working Papers on Bilingualism, 19*, 197-205.

Daller, H., Milton, J., & Treffers-Daller, J. (2007). Conventions, terminology and an overview of the book. In H. Daller, J. Milton, & J. Treffers-Daller (Eds.), *Modelling and assessing vocabulary knowledge* (pp.1-32). Cambridge University Press.

de Bot, K., Paribakht, T. S., & Wesche, M. B. (1997). Toward a lexical processing model for the study of second language vocabulary acquisition: Evidence from ESL reading. *Studies in Second Language Acquisition, 19*, 309-329.

DeKeyster, R. M. (2001). Automaticity and automatization. In P. Robinson (Ed.), *Cognition and second language instruction* (pp.125-151). Cambridge University Press.

Druckman, D., & Bjork, R. A. (1994). *Learning, remembering, believing: Enhancing human performance*. Washington, DC: National Academy Press.

Ericsson, K. A., & Kintsch, W. (1995). Long-term working memory. *Psychological Review, 102*, 211-245.

Folse, K. (2004). *Vocabulary myths*. The University of Michigan Press.

Fraser, C. A. (1999). Lexical processing strategy use and vocabulary learning through reading. *Studies in Second Language Acquisition, 21*, 225-241.

Friend, R. (2001). Effects of strategy instruction on summary writing of college students. *Contemporary Educational Psychology, 26*, 3-24.

Fukkink, R. G., Blok, H., & de Glopper, K. (2001). Deriving word meaning from written context: A multicomponential skill. *Language Learning, 51*, 477-496.

Gambrell, L. B., Kapinus, B. A., & Koskinen, P. S. (1991). Retelling and reading comprehension of proficient and less-proficient readers. *Journal of Educational Research, 84*, 356-362.

Gambrell, L. B., Pfeiffer, W. R., & Wilson, R. M. (1985). The effects of retelling upon reading comprehension and recall of text information. *Journal of Educational Research, 78*, 216-220.

Gass, S. (1988). Integrating research areas: A framework for second language studies. *Applied Linguistics, 9, 198-217.

Gernsbacher, M. A. (1993). Less skilled readers have less sufficient suppression mechanisms. *Psychological Science, 4*, 294-298.

Gernsbacher, M. A., & Faust, M. (1991a). The mechanism of suppression: A component of general comprehension skill. *Journal of Experimental Psychology: Leaning, Memory, and Cognition, 17*, 245-262.

Gernsbacher, M. A., & Faust, M. (1991b). The role of suppression in sentence comprehension. In G. B. Simpson (Ed.), *Comprehending word and sentence* (pp.97-128). Amsterdam: North-Holland.

Gernsbacher, M. A., & Faust, M. (1995). Skilled suppression. In F. N. Dempster & C. N. Brainerd (Eds.), *Interference and inhibition in cognition* (pp.295-327). San Diego, CA: Academic Press.

Gernsbacher, M. A., & Foertsch, J. A. (1999). Three models of discourse comprehension. In S. Garrod & M. Pickering (Eds.), *Language processing.* (pp.283-299). Sussex, UK: Psychology Press.

Gernsbacher, M. A., & Varner, K. R., & Faust, M. (1990). Investigating differences in general comprehension skill. *Journal of Experimental Psychology: Learning, Memory, and Cognition, 16*, 430-445.

Glenberg, A. M., Kruley, P., & Langston, W. E. (1995). Analogical processes in comprehension: Simulation of mental model. In M. A. Gernsbacher (Ed.), *Handbook of psycholinguistics* (pp.609-640). San Diego, CA: Academic Press.

Grabe, W. (2009). *Reading in a second language: Moving from theory to practice.* Cambridge University Press.

Grace, C. (1998). Personality type, tolerance of ambiguity, and vocabulary retention in CALL. *CALICO Journal, 15*, 19-45.

Graesser, A. C., Singer, M., & Trabasso, T. (1994). Constructing inferences during narrative text comprehension. *Psychological Review, 101*, 371-395.

Graves, M. F. (1986). Vocabulary learning and instruction. *Review of Researcher in Education, 13*, 49-89.

Haastrup, K. (1991). *Lexical inferencing procedures or talking about words.* Gunter Narr Verlag Tubingen.

Hayens, M. (1993). Patterns and perils of guessing in second language reading. In T. Huckin, M. Hayens & J. Coady (Eds.), *Second language reading and vocabulary learning* (pp.46-64). NJ: Ablex Publishing Corporation.

Hazenberg, S., & Hulstijn, J. H. (1996). Defining a minimal receptive second-language vocabulary for non-native university students: An empirical investigation. *Applied Linguistics, 17*,

145-163.

Henriksen, B. (1999). Three dimensions of vocabulary development. *Studies in Second Language Acquisition, 21,* 303-317.

Hidi, S., & Anderson, V. (1986). Producing written summaries: Task demands, cognitive operations, and implications for instruction. *Review of Educational Research, 56,* 473-493.

Huckin, T., & Bloch, J. (1993). Strategies for inferring word meaning in context: a cognitive model. In T. Huckin, M. Hayens & J. Coady (Eds.), *Second language reading and vocabulary learning* (pp.153-178). NJ: Ablex Publishing Corporation.

Hulstijn, J. H. (1992). Retention of inferred and given word meanings: Experiments in incidental vocabulary learning. In P. Arnaud & H. Béjoint (Eds.), *Vocabulary and applied linguistics* (pp.113-125). London: Macmillan.

Hulstijn, J. H., & Laufer, B. (2001). Some empirical evidence for the involvement load hypothesis in vocabulary acquisition. *Language Learning, 51,* 539-558.

Hulstijn, J. H., Hollander, M., & Greidanus, T. (1996). Incidental vocabulary learning by advanced foreign language students: The influence of marginal glosses, dictionary use, and reoccurrence of unknown words. *The Modern Language Journal, 80,* 327-339.

弥永啓子（2001）「読みにおける未知語の処理と付随的学習」門田修平，野呂忠司（編著）「英語リーディングの認知メカニズム」東京：くろしお出版

Jacobs, G., Dufon, P., & Fong, H. (1994). L1 and L2 vocabulary glosses in L2 reading passages: Their effectiveness for increasing comprehension and vocabulary knowledge. *Journal of Research in Reading, 17,* 19-28.

Jiju, H., & Sagara, A. (1997). Guessing vs. association strategies and task for vocabulary learning: In the case of intermediate level content words. 兵庫教育大学実技教育研究, *12,* 119-132.

Just, M., & Carpenter, P. A. (1992). A capacity theory of comprehension: Individual differences in working memory. *Psychological Review, 99,* 122-149.

Johnson, H. M., & Seifert, C. M. (1994). Sources of the continued influence effect: When discredited information in memory affects later inferences. *Journal of Experimental Psychology: Learning, Memory, and Cognition, 20,* 1420-1436.

Johnson, H. M., & Seifert, C. M. (1999). Modifying mental representations: Comprehending corrections. In H. van Oostendorp, & S. R. Goldman (Eds.), *The construction of mental representations during reading* (pp.303-318). NJ: Lawrence Erlbaum Associates.

Kaakinen, J. K., & Hyönä, J. (2005). Perspective effects on expository text comprehension: Evidence from think-aloud protocols, eyetracking, and recall. *Discourse Processes, 40,* 239-257.

Kai, A. (2008). The effects of retelling on narrative comprehension: Focusing on learners' L2 proficiency and the importance of text information. *ARELE（Annual Review of English Language Education in Japan）, 19*, 21-30.

Kai, A.（2009）. Achieving global coherence through retelling. *ARELE（Annual Review of English Language Education in Japan）, 20*, 41-50.

川崎恵理子（2000）「知識の構造と文章理解」東京：風間書房

Keck, C.（2006）. The use of paraphrase in summary writing: A comparison of L1 and L2 writers. *Journal of Second Language Writing, 15*, 261-278.

Kintsch, W.（1998）. *Comprehension: A paradigm for cognition.* New York: Cambridge University Press.

Kintsch, W., & van Dijk, T. A.（1978）. Toward a model of text comprehension and production. *Psychological Review, 85*, 363-394.

国立教育政策研究所編（2002）「生きるための知識と技能：OECD生徒の学習到達度調査（PISA）2000年調査国際結果報告書」東京：ぎょうせい

国立教育政策研究所編（2007）「生きるための知識と技能：OECD生徒の学習到達度調査（PISA）2006年調査国際結果報告書」東京：ぎょうせい

Laufer, B., & Hulstijn, J. H.（2001）. Incidental vocabulary acquisition in a second language: The construct of task-induced involvement. *Applied Linguistics, 22*, 1-26.

Levie, W. H. & Lentz, R.（1982）. Effects of text illustrations: A review of research. *Educational Communication and Technology, 30*, 195-233.

Levin, J. R., Anglin, G. J., & Carney, R. N.（1987）. On empirically validating functions of pictures in prose. In Willows, D. M., & Houghton, H. A.（Eds.）, *The Psychology of Illustration: I. Basic Research.* （pp.51-85）. New York: Springer.

Lorch, R. F, Lorch, E. P, Ritchey K, McGovern, L., & Coleman, D.（2001）. Effects of headings on text summarization. *Contemporary Educational Psychology, 26*, 171-191.

Mann, W. C., & Thompson, S. A.（1988）. Rhetorical Structure Theory: Toward a functional theory of text organization. *Text, 8*, 243-281.

McDonald, S. A., & Shillcock, R. C.（2004）. Lexical predictability effects on eye fixations during reading. In M. Careiras & C. Clifton, Jr.（Eds.）, *The on-line study of sentence comprehension*（pp.77-94）. NY: Psychology Press.

Mineishi, M.（1993）. *An investigation into the Japanese EFL learners' reading strategies.* Unpublished term paper for Method Ⅰ class, Temple University, Japan.

峯石緑（1996）「日本人英語学習者の読解過程における語彙方略について－方略の分類と今後の課題－」『中国地区英語教育学会研究紀要』*26*, 9-17.

峯石緑（1997）「日本人大学生のリーディング能力と語彙方略の関係についての調査研究－内観法に基づく自己報告データから－」『中国地区英語教育学会研究紀要』*27*, 177-188.

望月正道（1998）「日本人学習者のための語彙サイズテスト」『語学教育研究所紀要』第12号,

27-53.
Mondria, J-A., & Wit-de Boer, M. (1991) The effects of contextual richness on the guessability and the retention of words in a foreign language. *Applied Linguistics, 12,* 249-267.
Mondria, J-A. (2003). The effects of inferring, verifying, and memorizing on the retention of L2 word meanings: An experimental comparison of the "meaning-inferred method" and the "meaning-given method." *Studies in Second Language Acquisition, 25,* 473-499.
Morrow, L. M. (1985). Retelling stories: A strategy for improving young children's comprehension, concepts of story structure, and oral language complexity. *The Elementary School Journal, 85,* 647-661.
邑本利亮（1998）「文章理解についての認知心理学的研究－記憶と要約に関する実験と理解課程のモデル化－」東京：風間書房
Muranoi, H. (2007). Output practice in the L2 classroom. In R. M. DeKeyser (Ed.), *Practice in a second language: Perspectives from applied linguistics and cognitive psychology* (pp.51-84). Cambridge University Press.
Nagy, W., & Scott, J. A. (1997). Understanding the definitions of unfamiliar verbs. *Reading Research Quarterly, 32,* 184-200.
Nagy, W., Herman, P., & Anderson, R. (1985). Learning words from context. *Reading Research Quarterly, 20,* 233-253.
Nagy, W. E., Anderson, R. C., & Herman, P. A. (1987). Learning word meanings from context during normal reading. *American educational Research Journal, 24,* 237-270.
Nassaji, H. (2002). Schema theory and knowledge-based processes in second language reading comprehension: A need for alternative perspectives. *Language Learning, 52,* 439-481.
Nassaji, H. (2003). Higher-level and lower-level text processing skills in advanced ESL reading comprehension. *Modern Language Journal, 87,* 261-276.
Nation, I. S. P. (1990). *Teaching and Learning Vocabulary.* Heinle and Heinle Publishers.
Nation, I. S. P. (2001). *Learning vocabulary in another language.* Cambridge: Cambridge University Press.
Nation, I. S. P. (2007). Fundamental issues in modeling and assessing vocabulary knowledge. In H. Daller, J. Milton, & J. Treffers-Daller (Eds.), *Modelling and assessing vocabulary knowledge* (pp.35-43). Cambridge University Press.
Nation, I. S. P., & Coady, J. (1988). Vocabulary and reading. In R. Carter & M. McCarthy (Eds.), *Vocabulary and language teaching* (pp.97-110). London: Longman.
Noro, T. (2002). The roles of depth and breadth of vocabulary knowledge in reading comprehension in EFL. *ARELE (Annual Review of English Language Education in Japan), 13,* 71-80.
O'Brien, E. J., & Albrecht, J. E. (1991). The role of context in accessing antecedents in text.

Journal of Experimental Psychology: Learning, Memory, and Cognition, 17, 94-102.

Ohtsuka, K., & Brewer, W. F. (1992). Discourse organization in the comprehension of temporal order in narrative texts. *Discourse Processes, 15*, 317-336.

Paribakht, T. S., & Wesche, M. (1997). Vocabulary enhancement activities and reading for meaning in second language vocabulary acquisition. In J. Coady & T. Huckin (Eds.), *Second language vocabulary acquisition* (pp.174-200). Cambridge University Press.

Paribakht, T. S., & Wesche, M. (1999). Reading and "incidental" L2 vocabulary acquisition: An introspective study of lexical inferencing. *Studies in Second Language Acquisition, 21*, 195-224.

Perfetti, C. A. (1989). There are generalized abilities and one of them is reading. In L. B. Resnick. (Ed.), *Knowing, learning and instruction: Essays in honor of Robert Glaser.* (pp.305-335). Hillsdale, NJ: Lawrence Erlbaum Associates, Inc.

Pitts, M., White, H., & Krashen, S. (1989). Acquiring second language vocabulary through reading: A replication of the clockwork orange study using second language acquirers. *Reading in a Foreign Language 5*, 271-275.

Prince, P. (1996). Second language vocabulary learning: The role of context versus translation as a function of proficiency. *The Modern Language Journal, 80*, 478-493.

Pulido, D. (2007). The relationship between text comprehension and second language incidental vocabulary acquisition: A matter of topic familiarity? *Language Learning, 57*, 155-199.

Qian, D. D. (1999). Assessing the roles of depth and bredth of vocabulary knowledge in reading comprehension. *Canadian Modern Language Review, 56*, 282-307.

Qian, D. D. (2002). Investigating the relationship between vocabulary knowledge and academic reading performance: An assessment perspective. *Language Learning, 52*, 513-536.

Qian, D. D., & Schedl, M. (2004). Evaluation of an in-depth vocabulary knowledge measure for assessing reading performance. *Language Testing, 21*, 28-52.

Read, J. (1993). The development of a new measure of L2 vocabulary knowledge. *Language Testing, 10*, 355-371.

Read, J. (2004). Plumbing the depths: How should the construct of vocabulary knowledge be defined? In P. Bogaard & B. Laufer (Eds.), *Vocabulary in a second language* (pp.209-227). Amsterdam: John Benjamins Publishing.

白石知子（1999）「日本語記事文の読解における再話の効果：再話プロトコルの観察を通して」『日本語教育』*101*, 11-20.

Stahl, S. A., & Fairbanks, M. M. (1986). The effects of vocabulary instruction: A model-based meta-analysis. *Review of Educational Research, 56*, 72-110.

Stein, B. L., & Kirby, J. R. (1992). The effects of text absent and text present conditions on

summarization and recall of text. *Journal of Reading Behavior, 24,* 217-232.
Swanborn, M. S. L., & de Glopper, K. (1999). Incidental word learning while reading: A meta-analysis. *Reveiw of Educational Research, 69,* 261-285.
Taillefer, G. F. (1996). L2 reading ability: Further insight into the Short-circuit Hypothesis. *Modern Language Journal, 80,* 461-477.
Taylor, H. A., & Tversky, B. (1997). Indexing events in memory: Evidence for index dominance. *Memory, 5,* 509-542.
Trabasso, T. & Sperry, L. L. (1985). Causal relatedness and importance of story events. *Journal of Memory and Language, 24,* 595-611.
Trabasso, T., & Suh, S. (1993). Understanding text: Achieving explanatory coherence through online inferences and mental operations in working memory. *Discourse Processes, 16,* 3-34.
Ushiro, Y., Kai, A., Nakagawa, C., Watanabe, F., Hoshino, Y., & Shimizu, H. (2009). Effects of reading perspective on EFL learners' summary writing and importance rating. *ARELE (Annual Review of English Language Education in Japan), 20,* 11-20.
van Berkum, J. J. A. (2004). Sentence comprehension in a wider discourse: Can we use ERPs to keep track of things? In M. Carreiras, & C. Clifton Jr. (Eds.), *The on-line study of sentence comprehension: Eyetracking, ERPs and beyond* (pp.229-269). New York: Psychology Press.
van Daalen-Kapteijns, M., Elshout-Mohr, M., & de Glopper, K. (2001). Deriving the meaning of unknown words from multiple contexts. *Language Learning, 51,* 145-181.
van den Broek, P. (1994). Comprehension and memory of narrative texts. Inferences and coherence. In M. A. Gernsbacher (Ed.), *Handbook of psycholinguistics* (pp.539-588). San Diego: Academic Press.
van Dijk, T. A., & Kintsch, W. (1978). Cognitive psychology and discourse: Recalling and summarizing stories. In W. U. Dressler (Ed.), *Current trends in textlinguistics* (pp.61-80). New York: de Guyter.
van Dijk, T. A., & Kintsch, W. (1983). *Strategies of discourse comprehension.* New York: Academic Press.
Wade-Stein, D., & Kintsch, E. (2004). Summary Street: Interactive computer support for writing. *Cognition and Instruction, 22,* 333-362.
Walker, L. J. (1983). Word identification strategies in reading a foreign language. *Foreign Language Annals, 16,* 293-299.
Walter, C. (2004). Transfer of reading comprehension skills to L2 is linked to mental representations of text and to L2 working memory. *Applied Linguistics, 25,* 315-339.
Wilkes, A. L., & Leatherbarrow, M. (1988). Editing episodic memory following the identifica-

tion of error. *Quarterly Journal of Experimental Psychology, 40,* 361-387.

Winograd, P. N. (1984). Strategic difficulties in summarizing texts. *Reading Research Quarterly, 19,* 404-425.

Wittrock, M. C. (1989). Generative processes of comprehension. *Educational Psychology, 24,* 345-376.

Wysocki, K., & Jenkins, J. R. (1987). Deriving word meanings through morphological generalization. *Reading Research Quarterly, 22,* 66-81.

山内豊 (1995)「未知語の推測力を高める英語教材の開発」『日本教材学会年報』*6,* 38-40.

Yougioklis, P. S. (1990). Lexical decomposition as a strategy for guessing unknown words: Users' competence and confidence. Paper presented at the Meeting of the World Congress of Applied Linguistics. (ERIC Document Reproduction Service No. ED328096).

Zechmeister, E. B., Chronis, A. M., Cull, W. L., D'Anna, C. A., & Healy, N. A. (1995). Growth of a functionally important lexicon. *Journal of Reading Behavior, 27,* 201-212.

Zikopoulos, M. (Ed.). (2009). *Open doors: Report on international educational exchange.* New York, NY: Institute of International Education.

Zwaan, R. A., Langston, M. C., & Graesser, A. C. (1995). The construction of situation models in narrative comprehension: An event-indexing model. *Psychological Science, 6,* 292-297.

Zwaan, R. A., & van Oosterndorp, H. (1993). Do readers construct spatial representations in naturalistic story comprehension? *Discourse Processes, 16,* 125-143.

索　引

analytic approaches　71
Bottom-up 処理　131
CALLA：Cognitive Academic Language Learning Approach　52
CBT：Computer-Based Test　125
CLT：Communicative Language Teaching　17
complete model　159
comprehensible input　105
content word　141
current model　159
digraph　93
ELF：English as a lingua franca　18
ERP：event-related potentials　142
ESP：English for specific purposes　53
fMRI　142
function word　141
global literate English　22, 51
Graphic Organizer　162
Hi, friends 1, 2　75
integrated model　159
Involvement Load Hypothesis　149
LFC：Lingua Franca Core　18
LPS：Lexical Processing Strategy　144
mental lexicon　134
mental representation　132
mentalese　105
node　155
noticing　152
onset　83
opaque language　93
PBT：Paper-Based Test　125
PISA　9, 127
pregnant　153
Reading Buddy Project　119
rime　83
semantic mapping　162
SIOP：Sheltered Instruction Observation Protocol　53
Story-Based Curriculum　104
Summary Street　168
synthetic approaches　71
TOEFL　125
top-down processing　153

UG：Universal Grammar　37
VKT：Vocabulary Knowledge Scale　134
Vocabulary Levels Test　134
WAT：Word Association Test　134
WE：World Englishes　18

あ

アウター・サークル　13
誤り　27
アルファベット知識　77
一般化　156
意図的語彙学習　148
韻　83
因果ネットワークモデル　163
インナー・サークル　13
インフォメーション・トランスファー　171
ウンズウォース　24
エクスパンディング・サークル　13
大きな文化　21
オーセンティック　143
オールドカマー　15
音韻処理　34
音韻認識能力　81
音節　31
音素　31
　──体操　89
　──認識能力　82

か

外国語活動　125
解読　10
概念駆動型処理　154
外部的論理関係　51
下位レベル処理能力　138
学習語　43
カチュル　13
カバー率　143
カプラン　20
カミンズ　29
関与負荷仮説　148
機能語　141
グラッドル　14

クローズ 158
グローバリゼーション 12
形態素 32
言語間の影響 27
言語閾値仮説／しきい仮説 129
言語閾値レベル／しきいレベル 129
言語相互依存仮説 129
検索 159
語彙アクセス 138
語彙知識
　——の流暢さ 137
　——の広さ 134
　——の深さ 134
高次のレベルのスキル 138
更新 159
構築 159
　——・統合モデル 154
語家族（ワードファミリー） 43, 142
コグネイト 38
コックスヘッド 43
コード・スウィチング 38
コミュニカティブ言語指導 17
コンテント・ベース指導 12

さ

サイトワード 94
再話 163
削除 156
挿絵 161
サッカード 141
事象関連電位 142
自動化 140
受容知識 136
ジョイント・ストーリーテリング 106
小学校外国語活動研修ガイドブック 74
状況モデル 128
心的語彙 34
心的辞書 134
心的表象 132
心的モデル 158
推論構築の規則 155
スキーマ理論 128
ストーリーテリング 101
正書法 31
　——処理 34
精緻化 148
世界英語 18
セマンティック・マッピング 162

前景化 159
先行オーガナイザー 162
全体的更新 159
選択体系機能言語学 44
専門語 42

た

大局的一貫性 164
対照分析 27
対照レトリック 20
短期記憶 139
単文 42
小さな文化 21
知識活性化の規則 154
チャンツ 99
中間言語 27
長期記憶 139
テクスト分析 21
データ駆動型処理 154
転移 12
頭韻 87
動機 158
統合 156
頭子音 83
特別な目的のための英語 53
トップダウン 70
　——処理 153

な

内部的またはレトリック的な論理関係 51
内容語 141
二言語共有説（氷山説） 29
二言語相互依存仮説 29
二重貯蔵庫モデル 139
ニューカマー 15
ニュー・リテラシーズ 10
ネイティブ・モデル 17
ネットワークにおける命題が相互に関連する規則 154
ノード：node 155

は

背景知識 131
バイリンガル 131
発表知識 136
筆記再生 163
非ネイティブ・モデル 17
批判的リテラシー 11

表面的更新　159
ピン音　36
フィードバック　168
フォニックス　34, 70
深い処理　148
複文　42
付随型モデル　53
付随的語彙学習　148
文化間レトリック　21
ホールランゲージ・アプローチ　72
保護型モデル　52
ボトムアップ　70

ま

マクロ構造　154
マクロ命題　155
マクロルール　156
マザーグース　87
ミクロ構造　154
ミクロ命題　155
未知語　142
命題構築の規則　154
命題的テキストベース　153
メインアイデア　138

メタ認知　10
モダリティー　49
望月の語彙サイズテスト　134

や

要約　163
読みの観点　166
より高次の知識や処理　139

ら

リーディングストラテジー　130
リテラシー　127
　——の再生　24
　——の投影　24
　——の認識　24
リンガ・フランカとしての英語　18
リンガ・フランカ核　18
レジスター　44

わ

ワーキングメモリ　133
ワードファミリー（語家族）　43, 143
ワラス　22

〔著者紹介〕

卯城　祐司（うしろ　ゆうじ）

筑波大学人文社会系教授
北海道教育大学旭川校教育心理学科卒業
筑波大学大学院修士課程教育研究科教科教育専攻英語教育コース修了　博士（言語学）
道立高等学校3校の教諭，北海道教育大学釧路校助教授，筑波大学助教授を経て現職
主要著書・論文：
　『英語リーディングの科学：「読めたつもり」の謎を解く』研究社，2009年（編著）
　『図解で納得！英語情報ハンドブック』ぎょうせい，2010年
　Flexibility of updating situation models: Schema modification processes of Japanese EFL Readers. Kairyudo, 2010年
　『英語で英語を読む授業』研究社，2011年（編著）
　『小中連携Q&Aと実践：小学校外国語活動と中学校英語をつなぐ40のヒント』開隆堂，2011年（共編著）
　『英語リーディングテストの考え方と作り方』研究社，2012年（編著）
　『ELEMENT I, II』（文部科学省検定高等学校教科書）啓林館（代表）
　同中学校教科書『Sunshine English Course 1, 2, 3』開隆堂出版（共著）

アレン玉井光江（アレン　たまい　みつえ）

青山学院大学大学院文学研究科教授
テンプル大学よりED.D取得　（英語教育）
主要著書・論文：
　『幼児から成人まで一貫した英語教育のための枠組み－ECF－』リーベル出版社，2005年（共著）
　『小学校英語の教育法　理論と実践』大修館書店，2010年
　『ストーリーと活動を中心にした小学校英語』小学館集英社プロダクション，2011年
　「小学校英語教育の展開」『新版英語科教育法　小中高の連携－EGPからESPへ』学文社，2011年（共著）
　『英語絵本　ABC actions』小学館，2012年
　『The Magic Book』小学館，2012年（監修）
　『New Horizon 1, 2, 3』（文部科学省検定中学校教科書）東京書籍，2012年（共著）

バトラー後藤裕子（バトラー　ごとう　ゆうこ）

ペンシルバニア大学教育学大学院言語教育学科准教授
スタンフォード大学よりPH.D.取得（教育心理学）
スタンフォード大学教育センターのリサーチ・フェローを経て現職
主要著書・論文：
　『多言語社会の言語文化教育』くろしお出版，2003年
　『日本の小学校英語を考える　アジアの視点からの検証と提言』三省堂，2005年
　『学習言語とは何か　教科学習に必要な言語能力』三省堂，2011年
　Hannum, E., Park, H., & Butler, Y. G. (Eds.) (2010). Globalization, Changing Demographics, and Educational Challenges in East Asia (Research in Sociology in Education, Vol.17). London: Emerald.

〔監修者紹介〕

小島 弘道（おじま ひろみち）

龍谷大学教授，京都教育大学大学院連合教職実践研究科教授，筑波大学名誉教授
東京教育大学大学院教育学研究科博士課程単位取得満期退学
神戸大学，奈良教育大学，東京教育大学，筑波大学，平成国際大学を経て現職
この間，モスクワ大学で在外研究
学会活動：日本学習社会学会会長，日本教育経営学会元会長
主要著書：
『学校と親・地域』東京法令出版，1996年
『21世紀の学校経営をデザインする 上・下』教育開発研究所，2002年
『教務主任の職務とリーダーシップ』東洋館出版社，2003年
『校長の資格・養成と大学院の役割』東信堂，2004年（編著）
『時代の転換と学校経営改革』学文社，2007年（編著）
『教師の条件―授業と学校をつくる力―（第3版）』学文社，2008年（共著）
：中国語訳書 王玉芝译・陈俊英审〈教师的标准-课程建设与学校建设的能力〉
（戴建兵主编〈晏阳初农村丛书〉）中国农业出版社（汉 语），2012年
『スクールリーダシップ』学文社，2010年（共著）
『学校づくりとスクールミドル』学文社，2012年（共著）

［講座 現代学校教育の高度化30］
リテラシーを育てる英語教育の創造

2013年9月20日　第1版第1刷発行

監修　小 島 弘 道
著者　卯 城 祐 司
　　　アレン玉井光江
　　　バトラー後藤裕子

発行者　田中　千津子
発行所　株式会社　学文社
〒153-0004　東京都目黒区下目黒3-6-1
電話 03（3715）1501 (代)
FAX 03（3715）2012
http://www.gakubunsha.com

©Y. Ushiro, M. Allen-Tamai, Y. Butler-Goto 2013　　印刷　新灯印刷
乱丁・落丁の場合は本社でお取替えします。
定価は売上カード，カバーに表示．

ISBN 978-4-7620-2329-3

小島弘道監修
講座 現代学校教育の高度化

篠原清昭・笠井尚・生嶌亜樹子著

4　現代の教育法制

A5判　192頁　2205円

教育改革のなかで急激に進行する教育法現象の変化を考察し、そこに規定される教育方法論を検証し、現代の教育法制の構造と特質を総論と各論から構成し明らかにする。

2074-2　C3337

山﨑準二・榊原禎宏・辻野けんま著

5　「考える教師」
―省察，創造，実践する教師―

A5判　180頁　2205円

教師を取り巻く環境へ視野を広げ、教師のありようを説明する職務や業務、「よりよく」あるための職能開発、教育労働を支える自立性や発達という観点から分析する。

2245-6　C3337

佐藤晴雄・望月厚志・柴田彩千子著

6　生涯学習と学習社会の創造

A5判　176頁　2205円

教職員に必要な社会教育や生涯学習の基礎的な知識と実践的課題、両者の関係性や変遷、歴史、法制度を取り上げた。学校との関連性や学校支援に果たす社会教育・生涯学習の意義、役割などを論考する。

2331-6　C3337

小島弘道・淵上克義・露口健司著

7　スクールリーダーシップ

A5判　180頁　2205円

現代の学校教育を高度化し、児童生徒を社会の立派な担い手として育成するうえで、教師教育や学校の経営に求められる観点からスクールリーダーシップの本質とその実践的視野について論じる。

2099-5　C3337

小島弘道・熊谷愼之輔・末松裕基著

11　学校づくりとスクールミドル

A5判　192頁　2205円

教育学と学校経営学では全く新しい分野である中間概念、中間の創造者であるスクールミドルと、その機能としてのミドルリーダーシップをどう捉えるかという課題に挑戦していく。

2294-4　C3337

佐古秀一・曽余田浩史・武井敦史著

12　学校づくりの組織論

A5判　192頁　2205円

学校がうまく機能するために、組織の「力」と「場」の論理の読み解き方や学校組織の特性をふまえた組織開発の展望など、実践事例もふまえた学校づくりを組織論という観点から分析する。

2148-0　C3337

田中耕治・森脇健夫・徳岡慶一著

16　授業づくりと学びの創造

A5判　176頁　2205円

日本の授業実践を中軸とした学校づくりを展望するとともに、子どもたちの「学び」の創造をめざす「授業づくり」としての「授業研究」の魅力と有効性の再構築を試みる。

2149-7　C3337

渡辺三枝子・鹿嶋研之助・若松養亮著

20　学校教育とキャリア教育の創造

A5判　184頁　2205円

産業界を含めた社会の関心・ニーズが高まるなか、教職課程でキャリア教育について学ぶ機会のなかった現職教諭が、キャリア教育の基本的知識及び日々の教育活動で役立つ知識・情報などで構成した。

2100-8　C3337

	吉田武男・相澤伸幸・柳沼良太著	道徳や倫理についての基本概念を理解するとともに，人類史のなかで問い続けられてきた道徳の特徴について，また道徳教育の理論や実践の特質について考察する。
23	学校教育と道徳教育の創造	
	A5判　192頁　2205円	2108-4　C3337
	北神正行・木原俊行・佐野享子著	複雑化・多様化する学校教育課題への対応という新たな事態に直面する個々の学校が，どう教育力や組織力を向上させ，学校改善を図っていくかという課題について校内研修の設計という観点から論じる。
24	学校改善と校内研修の設計	
	A5判　178頁　2205円	2101-5　C3337
	宮寺晃夫・平田諭治・岡本智周 著	子どもの自己実現，国民の形成をめざす学校教育の意味と意義，国家が行った取組みや意思，今後の展望などの問題に，比較教育論，歴史学，社会学からアプローチし，国民の形成を根源から問い直す。
25	学校教育と国民の形成	
	A5判　176頁　2205円	2327-9　C3337
	唐木清志・西村公孝・藤原孝章著	より良い社会を創造できる市民を育成することをめざす社会科の使命を，市民・グローバルが中軸となる現代社会における「社会参画」「参加」という概念から考察する。
28	社会参画と社会科教育の創造	
	A5判　176頁　2205円	2109-1　C3337

三輪定宣編集代表
教師教育テキストシリーズ

	三輪定宣著	教育はいのちのリレーで，人間をつくるしごとである。教育は人間にどう関わり，人類史，人間社会をどのように創り出してきたのか。教育の本質に迫り，教育，教師，教育学の未来を展望する。
1	教 育 学 概 論	
	A5判　234頁　2310円	1651-6　C3337
	岩田康之・高野和子編	「教職の意義等」に関する科目のテキスト。教師教育が「大学」という場で行われていることの意義を確認したうえで，教師として行う実践や入職後のキャリア形成といった課題のとらえ方にも言及する。
2	教　　職　　論	
	A5判　208頁　1890円	1652-3　C3337
	古沢常雄・米田俊彦共編	16～21世紀にいたる600年間の西洋教育史の流れを，時代とテーマに即して概括的に記述。江戸時代から1960年代までの日本の教育の歴史を，時代の社会の状況と教育の課題を簡潔に示しながら解説する。
3	教　　育　　史	
	A5判　242頁　2310円	1653-0　C3337
	杉江修治編	教育心理学の成果の中から，教育実践者としての教師の資質を高める上で，その有意義性が明らかな内容を取り上げ，教育実践の基礎を形づくり，実践を効果的に進めるための考え方を記す。
4	教 育 心 理 学	
	A5判　184頁　1890円	1654-7　C3337

久冨善之・長谷川裕編			
5 教育社会学			社会学の理論・方法の多様化，教育特有の事象による社会学一般を超えた性質などを考慮にいれながらわかりやすく解説した。教育社会学固有の学問的視角の意味を教職の立場から考える。
	A5判 208頁 1890円	1655-4 C3337	
長澤成次編			
6 社会教育			今日，総じて人間の諸権利が剥奪される状況にあって，あらためて子ども・若者・大人の「人権」としての学びを支え，地域を創る学校教育と社会教育のもつ役割と可能性を追求する。
	A5判 180頁 1890円	1656-1 C3337	
小島弘道編			
8 学校経営			学校づくりの経営実践を，その本質，歴史，制度，組織にわたって解説。スクールリーダーのみならず全職員が参加してはじめて功を奏する学校経営の実情と課題を明らかにする。
	A5判 226頁 1890円	1658-5 C3337	
山﨑準二編			
9 教育課程			教育課程の現状課題を整理し，個々の教育課程編成課題への理解を深めるとともに，新しい教育課程を創造していく力量を獲得するための手がかりとして，学校教育課程の全体構造への理解を深められる。
	A5判 194頁 1890円	1659-2 C3337	
井ノ口淳三編			
11 道徳教育			教師を志す人が教職科目としての「道徳教育」を学ぶ際に突き当たる疑問を解明。道徳教育の基本的概念を歴史的な背景をふまえ解説。道徳教育の必要性をモラルの実現をめざす生き方を考える。
	A5判 196頁 1890円	1661-5 C3337	
折出健二編			
12 特別活動			学校教育における学校行事や特別活動の位置とその教育的意義を解明する。子どもたちの自治的活動と文化的活動の実践のイメージがもてるように，原理的・実際的な観点から課題を深める。
	A5判 180頁 1890円	1662-2 C3337	
折出健二編			
13 生活指導			「生活を指導する」のではなく，教師と子どもたちとの共に作る「生活が（子どもたちを）導びく」という視点に立つ生活指導の手引き書。生活指導と教科指導の関係を，学びの共同性という視点から探究。
	A5判 176頁 1890円	1663-9 C3337	
広木克行編			
14 教育相談			教育相談についての歴史と理論に関する基本的な概念を整理するとともに，教育相談をめぐる最新のコンセプトや試みの事例に目を向け，その紹介と検討を通して，これからの教育相談のあり方を考える。
	A5判 194頁 1890円	1664-6 C3337	
高野和子・岩田康之共編			
15 教育実習			大学入学後の早い段階から，大学の学内の授業と「介護等体験」など大学外でのさまざまな体験とを照らし合わせて，教職への道を考えてもらうための手がかりとなるテキストを意図した。
	A5判 208頁 1890円	1665-3 C3337	